河南中小型石窟

〔第一卷〕

李银忠　亓艳芝　主编
河南省文物建筑保护研究院　编

中州古籍出版社
·郑州·

序言

河南是中国佛教传播的重要地区，更是佛教中国化的核心地区。

公元五至六世纪，随着北魏孝文帝迁都洛阳，河南地区石窟寺的营造开始了第一个高潮期。这个时期以豫西洛阳龙门为中心，形成河南省开凿最早的石窟群，其中洛阳龙门石窟、巩义石窟、义马鸿庆寺石窟等，为这一时期的主要代表。六至八世纪，以豫北安阳为中心，形成了第二个高潮期，著名的有安阳宝山灵泉寺石窟、浚县千佛洞石窟和大伾山石佛等。到了唐代以后，河南中小型石窟的开凿活动逐渐减少，但个别地区仍有少数的营造活动，以摩崖雕刻居多。据最新统计，河南现存石窟及摩崖造像八十座。开凿时间早、跨越时代长是河南石窟寺的显著特点。时间跨度从北魏一直延续至明清时期，有着丰富的文化内涵和明确的时间连续性，具有很高的价值。

对河南石窟的研究应以资料为先，《龙门石窟总录》按照文字著录、图录、线图对龙门石窟资料进行了较为系统的披露，对研究龙门石窟作用很大。对河南中小型石窟虽有个体和小区域性研究，但整体的系统性研究至今相对匮乏，究其原因是缺乏资料的系统收集、整理和出版。二十世纪八十年代河南省古代建筑保护研究所开始进行系统资料调查工作。一九八八年，对安阳灵泉寺宝山、岚峰山、马鞍山的石窟及摩崖石刻造像进行了全面的勘察测绘，历时三年，最终出版了《宝山灵泉寺》。此后，一九八九年又对河南中小型石窟进行了全面系统的调查建档，历时近十年，先后为全省三十余处石窟寺建立了相对完备的中小型石窟调查档案。这次调查开始时，我参加了时在河南省古代建筑保护研究所的杭侃组织的豫北的石窟寺调查活动，所以记忆深刻。此后三十多年，河南省文物建筑保护研究院始终没有停止对河南中小石窟的调查，资料逐渐丰富。随着文物保护技术的发展，河南省文物建筑保护研究院依托省内技术及人才资源优势，利用对高浮雕拓印技术的突破，并辅以数字化测绘技术，展开了全省石窟寺造像拓印和数字化建档工作，填补了国内石窟、石刻造像拓印档案留存的空白。目前已经陆续完成全省十余处中小型石窟的高浮雕拓印及数字化建档工作。

近期河南省文物建筑保护研究院计划逐卷出版《河南中小型石窟》，通过高浮雕拓片、图片、图纸相结合的方式，并辅以必要的文字介绍，向社会公布他们几十年调查收集的资料，这无疑会受到社会，特别是学界积极的评价，并带来后续积极的效果。这套书的逐卷出版，将有效推动河南石窟寺，特别是中小型石窟寺的保护研究。我们期待更多的关于河南石窟寺的新的研究成果的出现。

田凯

二〇二一年九月

目录

灵泉寺石窟，位于河南省安阳市西南二十五公里太行山支脉宝山东麓。灵泉寺为北朝名刹，原名宝山寺，东魏高僧道凭法师于武定四年（五四六）创建，隋文帝改为灵泉寺，素有「河朔第一古刹」之称。从发现的资料看，灵泉寺石窟的开凿活动持续有六百多年。在灵泉寺东西两侧的宝山和岚峰山的石灰岩断壁上，也发现东魏至宋的窟龛造像二百余处，其中大留圣窟开凿于东魏武定四年（五四六），大住圣窟开凿于隋开皇九年（五八九），以两窟为中心，形成了从东到西千米有余的浅龛石窟群，数量之多，年代之早，延续时间之久及雕刻之精为国内罕有。灵泉寺石窟造型精致，样式各异，装饰花纹、人物、动物等形象生动逼真，令人叹为观止。浅龛石窟分为塔龛、佛龛、碑龛和屋龛四种类型。其中塔龛数量最多，每座塔龛多由基座、塔身、塔顶及刹等部分组成，塔室内多雕刻有高僧造像或配有弟子造像，部分带有题铭传略，刊刻高僧所属寺院名称与高僧生平。将这些塔龛按年代编排，可明显反映出历代塔式风格的演变。佛龛内塑一佛二弟子或二菩萨造像，多有题铭可知供养人姓名。碑龛为高僧的功德碑，下有龟趺，上有碑体。屋龛是以古代建筑形象雕刻的浮雕，直观而真实地再现了建龛时期的建筑造型。一九九六年，灵泉寺石窟被国务院公布为第四批全国重点文物保护单位。

安阳灵泉寺石窟

宝山（宝山）石窟鸟瞰

宝山

宝山石窟群（局部1）

宝山石窟群（局部2）

大住圣窟

大住圣窟窟门南向，呈圆拱状，门楣为尖拱形，窟侧岩壁题记凿刻有『大住圣窟，大隋开皇九年（五八九）己酉岁敬造』字样。窟门两侧分列那罗延神王和迦毗罗神王两个高大威严的浮雕造像，顶盔掼甲，手持剑叉法器。窟外刻经多部，主要有《叹三宝偈言》《法华经》《胜经》《大集经》，以及《妙法莲华经偈言》等。大住圣窟窟门两护法神王像为隋代开皇九年（五八九）作品，是隋代浮雕艺术中少有的精品力作。

那罗延神王像位于窟门东侧，像高一百七十四厘米，身宽七十厘米，榜题『那罗延神王』五字。神王下身着战裙，上身裸露，颈饰项圈，头部左倾，双目微闭，长须，表情虔诚。头戴装饰有羽翼、宝镜的华丽战盔，盔带在头部两侧向上飘扬。左手持剑，右手中指轻轻搭勾在长为一点五一厘米的三股叉上，带状帔帛缠绕双臂垂于体侧，赤足踩踏一盘卧的牛形怪兽，整个雕像透射着王者的气度。

窟门西侧是迦毗罗神王像，像高一百七十八厘米，身宽六十厘米，榜题『迦毗罗神王』五字。迦毗罗神王头戴同那罗延神王类似的头盔，盔带下垂，头部左倾，蓄有至胸长须，身披甲胄，右手握剑，左手持三股钢叉，赤足踏羊形怪兽。

大住圣窟窟门线图

大住圣窟

全国重点文物保护单位
灵泉寺石窟
LING QUAN SI SHI KU
国务院一九九六年十一月十二日公布
安阳县人民政府立
大住圣窟窟外全景

大住圣窟窟外侧视

大住圣窟窟外佛龛（1）

大住圣窟窟外佛龛（2）

大住圣窟门神王像拓片

迦毗羅神王

那罗延神王像位于窟门东侧，像高一百七十四厘米，身宽七十厘米，榜题『那罗延神王』五字。神王下身着战裙，上身裸露，颈饰项圈，头部左倾，双目微闭，长须，表情温和而虔诚。头戴装饰有羽翼、宝镜的华丽战盔，盔带在头部两侧向上飘扬。左手持剑，右手中指轻轻搭勾在长为一百五十一厘米的三股钢叉上，带状帔帛缠绕双臂垂于体侧，赤足踩踏一盘卧的牛形怪兽，整个雕像透射着王者的气度。

那罗延神王像拓片

那罗延神王像

迦毗罗神王像位于窟门西侧，像高一百七十八厘米，身宽六十厘米，头戴同那罗延神王类似的头盔，盔带下垂，头部左倾，长须至胸，身披甲胄，右手握剑，左手持三股钢叉，赤足踏于羊形怪兽之上。龛右上方题刻『迦毗罗神王』五字。

迦毗罗神王像拓片

迦毗罗神王像

窟门西侧外壁拓片

大住圣窟正壁

大住圣窟窟内正壁圆拱形大龛内雕一佛、一弟子、一菩萨。中间雕本尊卢舍那佛坐像，左右分别为一菩萨、一弟子像，头部原残缺，后经修补。卢舍那佛坐像通高一百零二厘米，身穿通肩宽袖长衣，左手扶膝，右手上抬至胸部，结跏趺坐于叠涩座上。圆形头光的右侧镌刻有『卢舍那佛』榜题，字迹清晰可辨。弟子居右，身高一百二十八厘米，头后有圆光，着双领下垂式袈裟，双手相合握一物，跣足立于仰莲台上。菩萨居左，身高一百二十九厘米，头戴宝冠，宝缯垂肩，颈戴圆形项饰，右手臂上抬，左臂屈肘，一条珠串璎珞从右肩斜披而下横穿于腰际，下身着裙，跣足立于仰莲台座上。佛座下的前壁并排开凿略呈方形的浅龛九个，正中一龛较大，龛内浮雕莲花宝炉，两旁雕树、火、风等八神王。佛龛两侧由上至下各凿七个小龛，内雕七尊结跏趺坐小佛，每尊小佛姿态各异，旁皆刻佛名，除右边上两尊为释迦牟尼佛、金刚不动佛外，其余佛名均泐蚀不清。

大住圣窟正壁线图

大住圣窟正壁

大住圣窟正壁拓片

大住圣窟东壁

大住圣窟窟内东壁圆拱形大龛内雕一佛、一菩萨、一弟子。主尊弥勒佛头部原残缺，后经修补。佛着圆领低胸通肩袈裟，结跏趺坐于方形束腰须弥座上，右手屈肘于胸前，左手下垂扶膝。脑后为桃状圆光。弥勒佛右侧弟子像高一百一十五厘米，头部原残缺，后经修补，双手合十，跣足立于仰莲台上。左侧菩萨像高一百二十厘米，头部原残缺，后经修补，身穿长衣，颈饰项圈，身佩华丽的璎珞，自腹部分作两股呈人字形垂挂身前。右手上举抚摸项圈，左臂下垂，手向前伸，所执法器因损毁过甚，形象不明。跣足踏在圆形仰莲台上。圆拱形大龛两侧亦各有七尊小坐佛，龛旁刻佛名。东壁上方刻有大量铭记，包括石窟开凿年代、用工数目、礼佛名等内容。

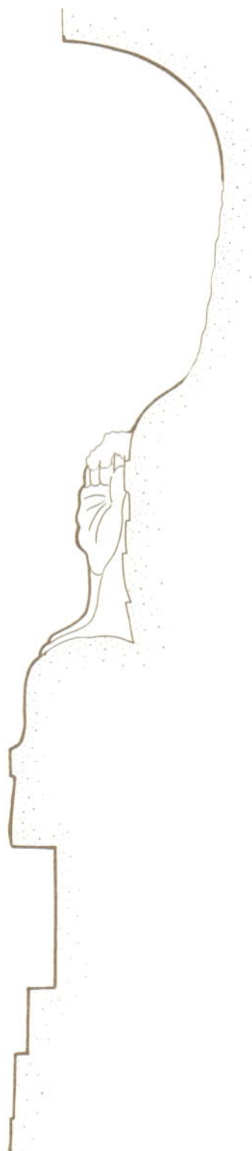
剖面

立面

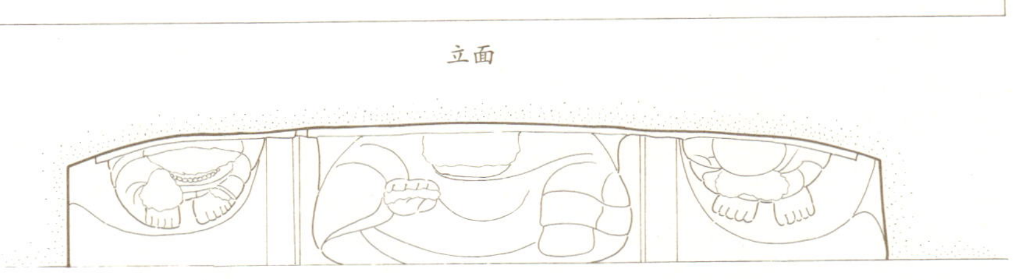
平面

大住圣窟东壁

大住圣窟东壁拓片

紅炎幢王佛
善遊步功德佛
善遊步佛
佛

大住圣窟西壁

大住圣窟窟内西壁圆拱形大龛内雕一佛、二菩萨，龛高一百九十四厘米，宽一百七十二厘米，深二十厘米。主尊阿弥陀佛头部原残缺，后经修补。佛身着通肩袈裟，衣纹褶子明显，右手曲肘于胸前，左手扶膝，结跏趺坐于束腰莲座上。佛身后为桃状圆光。佛两侧有菩萨立像各一，形象大致相同。二菩萨高皆为一百二十五厘米，头戴宝冠，身后均有圆形头光，宝缯垂肩，颈戴珠串项饰，左肩部披帛，身饰璎珞垂至膝部，下体着裙，衣褶稠密，裙带悬于两腿间，跣足立于仰莲台上。佛龛两侧各有七尊小坐佛，龛旁刻佛名。

大住圣窟西壁线图

大住圣窟西壁

大住圣窟西壁拓片

清凈施佛
娑留那佛
水天佛
堅德佛
栴檀功德佛
无量掬光佛
光德佛

大住圣窟南壁

大住圣窟窟内南壁为窟门内侧。窟门东侧以减地浅刻二十四尊传法圣师像，题记称『世尊去世传法圣师』。画面上下共分六层，每层两组四尊，共十二组，皆为双人对坐的形式，画像之下均有题名，字迹工整清晰可辨。小坐佛的名字自上起为清净施佛、婆留那佛、□水天佛、坚德佛、梅檀功德佛、无量救光佛、光德佛。左侧自上而下为：宝月光佛、现无愚佛、□□月佛、无垢佛、离垢佛、勇□施佛、清净佛。每尊小坐佛姿态各异，线条简练有力，造型谨严而工整。南壁窟门右侧刻《大集经月藏分中言》和《摩诃摩耶经中言》两部佛经，笔法苍劲有力。

大住圣窟南壁局部

大集經月藏分中言

爾時世尊告彼月藏菩薩摩訶薩言了知清淨士若我住世諸聲聞衆持戒具足捨具足聞具足□□□□□□□□□□見具足之正法熾然在世乃
至一切諸天人等亦能顯現平等正法於我滅後五百年中諸比丘衆猶於我法解脫堅固後五百年□□□□三昧得住堅固後五百年讀誦多聞得住堅固
後五百年於我法中多造塔寺得住堅固後五百年於我法中鬪諍言訟白法隱沒損減堅固了知清淨士從是以後於我法中雖復剃除鬚髮身著袈裟毀破禁
戒行不如法者名字比丘若有施主捨施供養護持養育我說是人猶得無量阿僧祇大福德何以故猶能饒益多衆生故何況我今現在於
世□□□□□無價寶若無真金銀爲無價若無銀者鍮石爲無價若無鍮石偽寶爲無價若無偽寶赤白銅鐵白鑞鉛錫爲無價寶如是一切諸世界中佛寶爲
無上若無佛寶緣覺爲無上若無緣覺羅漢爲無上若無羅漢諸餘聖衆爲無上若無聖衆得定凡夫爲無上若無得定淨持戒者爲無上若無淨戒汙戒爲無上
若無汙戒剃頭著袈裟名字比丘爲無上寶比餘九十五種異道最尊第一應受世供以爲福田何以故能示衆生可怖畏故若有護持養育安置是人不久得
住忍地

摩訶摩耶經中言

爾時世尊遙見母來內懷欣敬本身動搖如須彌山王及四大海鼓動之相于時如來既見母至使以梵音而白母言身所經
處與苦樂俱當脩涅槃永離苦樂　爾時摩訶摩耶聞佛此語合掌低頭一心思惟長跪佛前五體頭地專精正念諸結消伏即於佛前以偈讚曰汝從無數劫
恒飲我乳汁　故離生老死　得成無上道　宜應報恩養　斷我三毒本　歸命大丈夫　無貪慧施者　歸命調御士　最上無能過　歸命天人師　永離
癡愛縛　晨夜各三時　念想不斷絕　稽首頭面禮　無上大法王　今於汝福田　欲長功德牙　唯願施慈悲　速令成妙果　久有此大志　故生大王
宮　巨身紫金色　光明照十方　面貌悲圓淨　猶如秋滿月　爾時世尊即白母言諦聽諦聽善思念之初中後善其義深遠其語巧妙純一無雜具足清白
梵行之相摩訶摩耶聞此語以佛神力故即識宿命并以善根純熟時故破八十億洞然之結得須陀洹果即起合掌而白佛言生死牢獄已證解脫時會大衆聞
此語已異口同音而作是言願一切衆生皆得解脫如今現在摩訶摩耶時摩訶摩耶而白佛言譬如猛火燒於熱鐵若有觸者身心燋痛世間生死亦復如是
所往來處皆是苦聚凡集苦本皆由心意隨欲輕躁□□衆生輪轉五道疾於猛風猶如拍毱時摩訶摩耶即於佛前而自剋責其心意言汝常何故往非利益
趣六塵境而不安定亂□擾無時暫停所可緣慮皆非吉祥何故或我而使集彼辟如有人恒墾於地而彼大地未曾損益然其耕器日就消毀在生死海亦
□□恒棄□□□□不可不載而我神識初不增減汝能令我作轉輪聖王統四天下七寶具足須臾令我墮爲餓鬼須臾令我作貧賤人東西馳走求乞衣食須
□□我作大長者□□□□□□□□□□□□令我□□□□飲食□□自恣須臾令我墮於地獄飲於融銅吞熱鐵丸我但過去曾經牛身積聚其皮高須彌
山猶未生死□□……人及非人
或曰畜生或曰□□或曰……
常輕爲己有竟歸磨滅猶若……
所使若居王位互相討伐
臣父子□□殘滅下至
地獄屠割燒煮畜生之中
更相吞害皮肉筋力償其
宿債爲業所逼不得自在
餓鬼之中飢渴所逼東西
□□□大聚及熱鐵輪
長隨其後互相生死有如
是等種種衆苦不可稱計
汝癡心意往昔已來長牽
我去來諸處恒相順從
未違異我於今日欲專
法勿復惚恍而爲鄣㝵
宜自進獻離諸苦速求
□□□□□□□□□許虛
□□□□□□□□言□
唯願□□□□聞於枯槁

大住圣窟南壁拓片

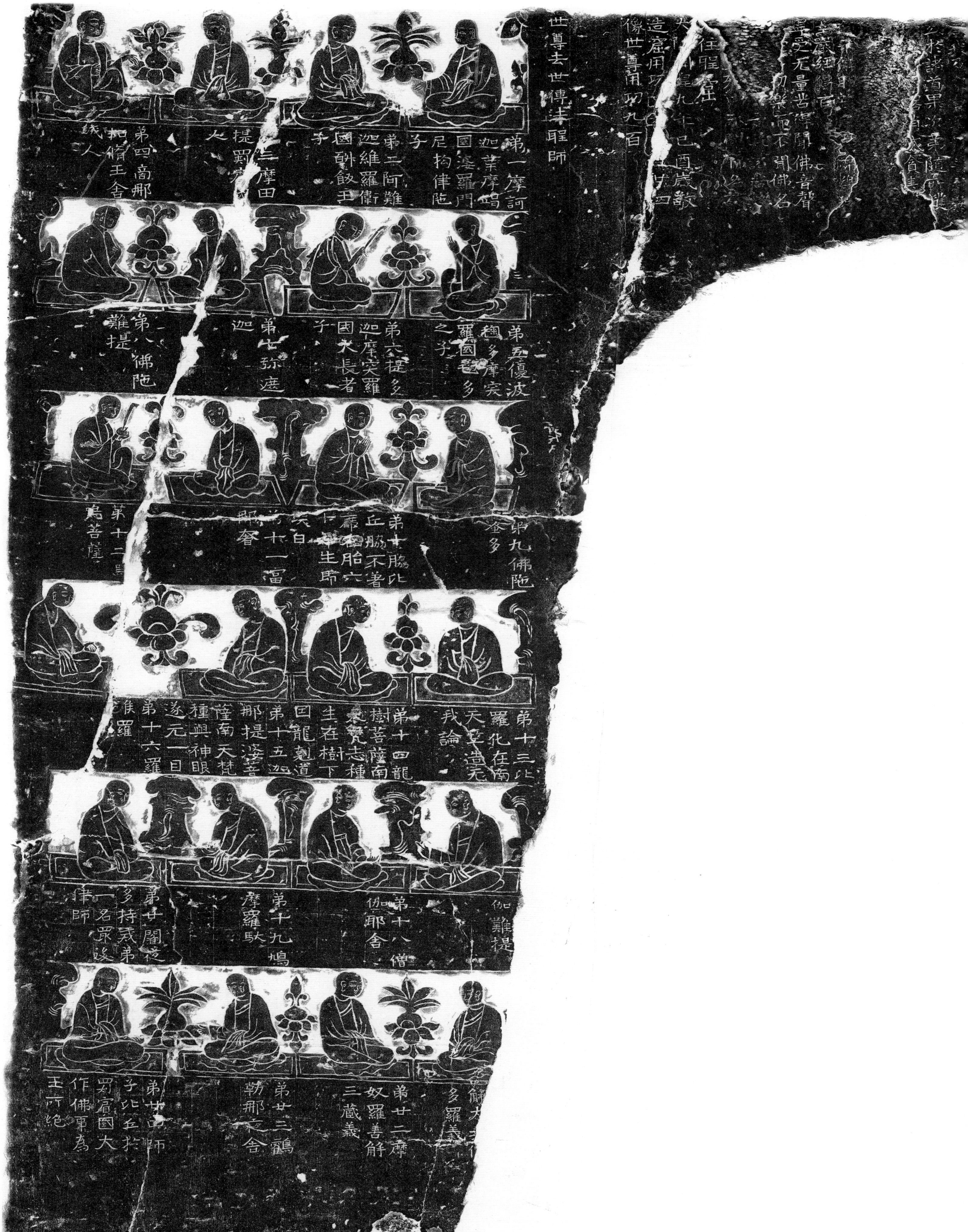

世尊去世傳法聖師
第一摩訶迦葉摩竭國婆羅門尼拘律陁子
第二阿難迦維羅衛國斛飯王子
第三摩田提
第四商那和脩王舍城人
第五優波毱多
第六提多迦摩突羅國大長者子
第七彌遮迦
第八佛陁難提
第九佛陁蜜多
第十脇比丘脇不著席在胎六十年生師
第十一富那奢
第十二馬鳴菩薩
第十三比羅化在南天竺造无我論
第十四龍樹菩薩南天竺梵志種生在樹下龍宮得道
第十五迦那提婆南天竺梵種與神一目
第十六羅睺羅
伽難提
第十八伽耶舍
第十九鳩摩羅馱
第廿闍夜多持義第一名眾律師
多羅義
第廿二摩奴羅善解三藏義
第廿三鶴勒那夜舍
第廿四師子比丘於罽賓國大作佛事為王所絕

大住圣窟窟顶

大住圣窟窟顶作覆斗形，为以莲花为主题的藻井图案。在莲花西、北及东面共雕有飞天六躯。脸形椭圆，头梳发髻，戴花冠，上体袒，下着裙，肩披大巾，腿足外露，体态轻盈，衣带飘飞，动感十足，姿势优美。

大住圣窟窟顶飞天线图

大住圣窟窟顶

大住圣窟窟顶拓片

宝山三号龛

宝山三号龛位于宝山东部的崖壁，为塔形龛。塔龛呈长方形，内雕单层方塔一座。塔南向，通高九十五厘米，自下而上由基座、塔身、塔顶等部分组成。基座正面为长方形，高十八厘米，长六十四厘米，在全塔中占据比例较大。塔身高三十五厘米，宽二十一厘米，开拱形门，门内雕一坐僧，僧结跏趺坐于蒲团上，身披袈裟，双臂前伸，两手扶于半圆形的单腿凭几上。塔顶由两层长方体叠涩檐及塔刹组成。第一层叠涩檐高九厘米，宽四十厘米。第二层置于第一层檐之上，造型与高度同第一层，宽三十五厘米，与第一层檐上下叠压成凸字形。塔刹由覆钵、卷叶及相轮、宝珠组合而成。全塔造型古朴、别致。在塔左侧的崖壁上，所刻题记为『□□开皇十年／□次庚戌正月／十五日造』，『道政法师／支提塔』。字体清晰，保存完好。

立面

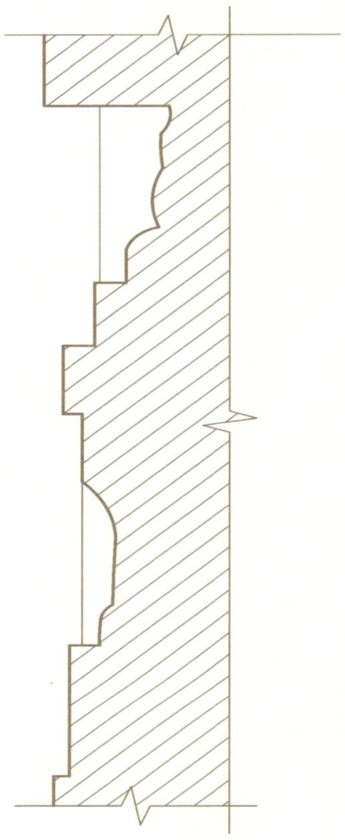

剖面

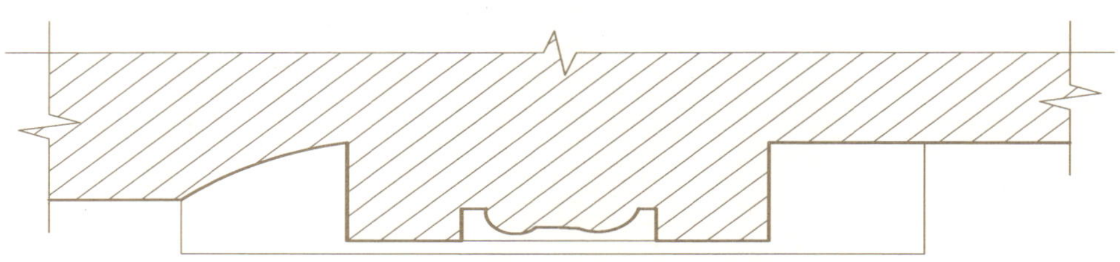

平面

宝山三号龛

道政法師
支提墖

□開皇十年
歲次庚戌三月
十五日造

宝山三号龛拓片

宝山四号龛

宝山四号龛内为故静证法师碎身塔，位于宝山的东部，方向略面向东南。龛凿成长方形，内雕一单层墓塔。塔高八十一厘米，由基座、塔身、塔顶等部分组成。基座正面为长方形，高十三厘米，宽五十九厘米。塔身高四十厘米，宽三十八厘米，开拱形塔门，门内雕坐僧一驱，僧高十七厘米，头部已残，身披袈裟，内着僧祇支，双手拱合于膝部，下身结跏趺坐于椭圆形蒲团上。塔顶由叠涩檐、覆钵、相轮等组成。叠涩出檐二层，反叠涩二层。叠涩檐上为覆钵，周雕莲瓣状纹饰衬托。覆钵上置相轮，最顶端置圆状宝珠。塔整体造型简练。塔左右镌刻题记『大隋开皇／十四年建』『故静证法／师碎身塔』[一]字样。

注[一]：文字以拓片为准，线描图仅供参考。

立面

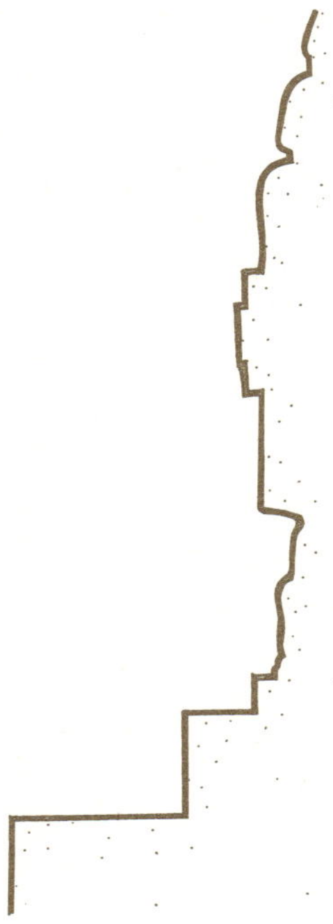

剖面

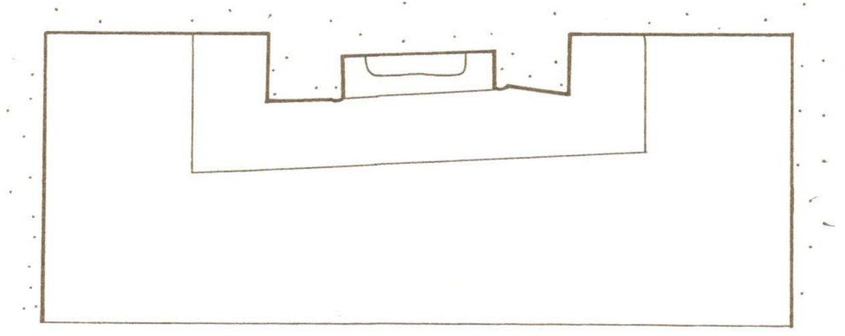

平面

宝山四号龛

故靜證法
師碎身塔

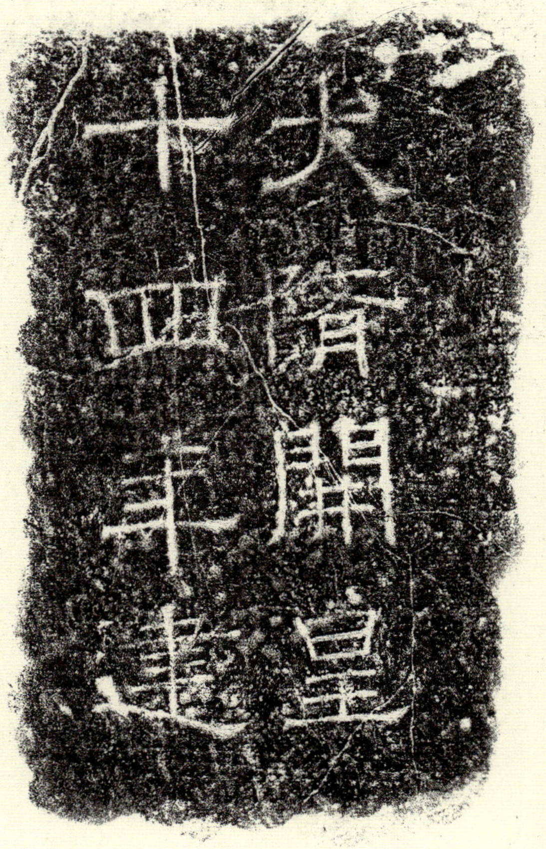

宝山四号龛拓片

宝山十五号龛

宝山十五号龛位于大住圣窟窟门东侧崖壁上，内浅刻一菩萨像。像身着袈裟，足踩莲瓣，面容亲切，左手下垂，右手半举。整体采用浅刻手法将菩萨身体曲线和轻柔的纱裙形象地刻画出来，呈现出优美、宁静的审美情调。

宝山十五号龛立佛线图

宝山十五号龛

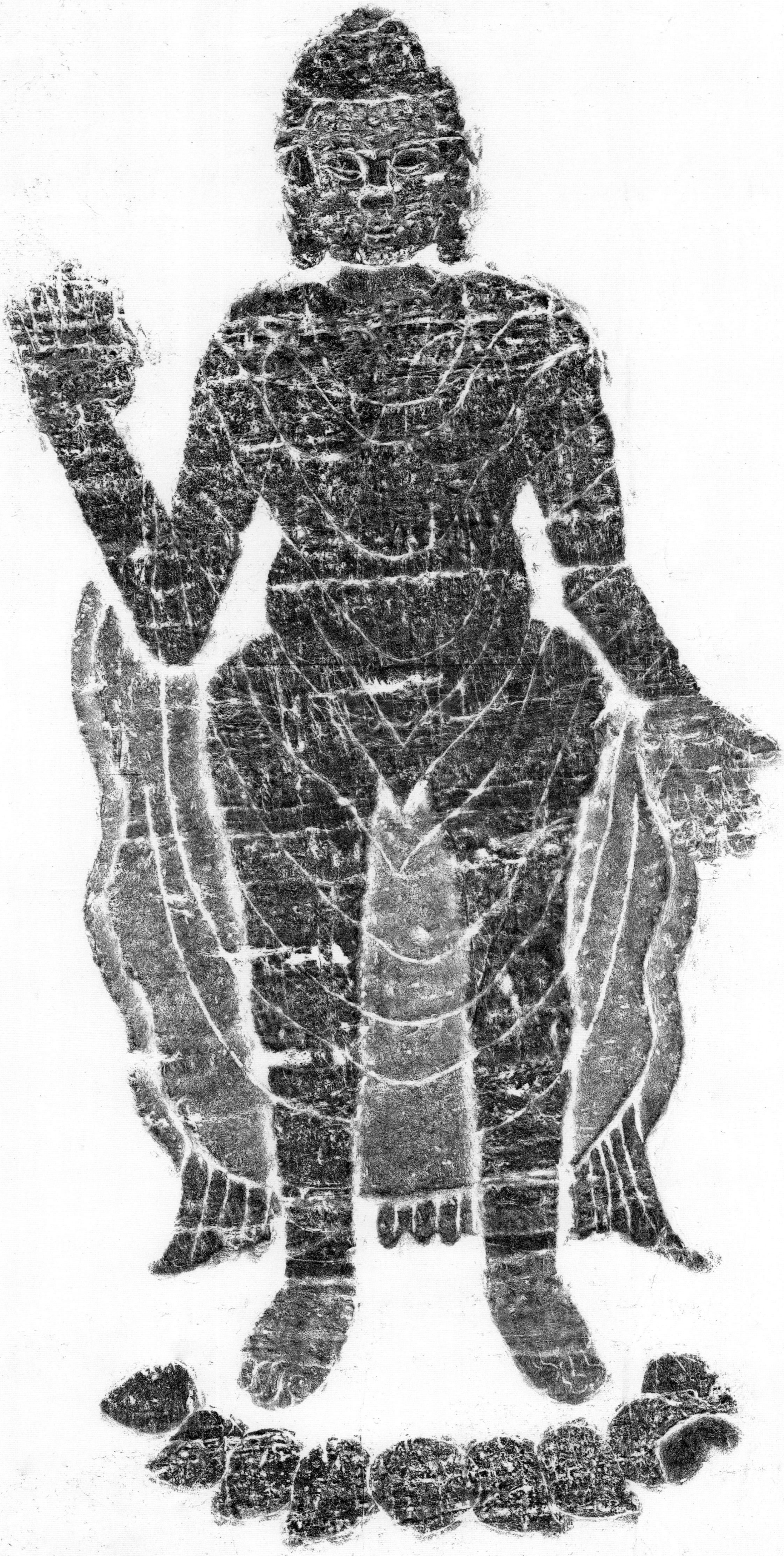

宝山十五号龛拓片

宝山二十三号龛

宝山二十三号龛为佛龛。龛上部呈尖拱状，通高六十六厘米，宽五十八厘米，内雕一佛、二菩萨共三尊造像。造像头部皆被损毁，原来面貌现已不清，头后皆雕饰桃形圆光。阿弥陀佛位于中间，身穿圆领宽袖长衣，结跏趺坐于叠涩式佛座上，右手前伸，掌心向外，左手下垂，掌心向下扶膝。左侧胁侍为观世音菩萨，右手下垂握净瓶，左手执花于胸前，双足为衣裙所遮，立于圆形的莲台上。右侧胁侍为大势至菩萨，上身披帛，颈戴项圈，下身着裙，腰系裙带，右手抬于胸前，左臂下垂，手握裙带，衣裙下微露跣足，双足踏立于莲花座上。龛下镌刻『阿弥陀佛、/观世音菩萨、/大势菩萨。清信女古/四娘、李娥/儿、梁小僧、/刘摩儿四/人同敬造』的题记。题记的两侧各线刻蹲兽一个，躯体像狮，头部像犼。

立面

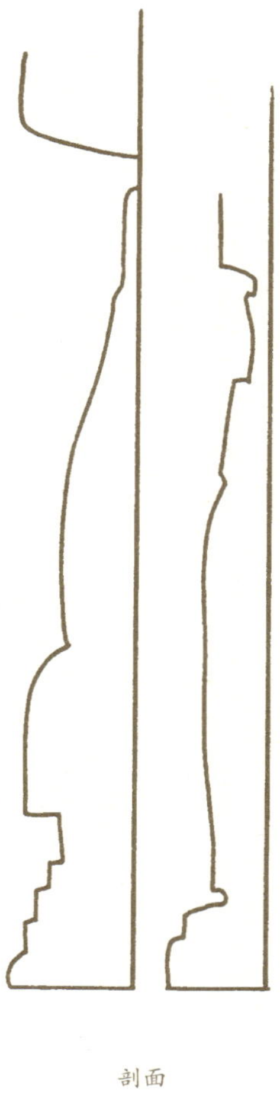

剖面

平面

宝山二十三号龛

宝山二十三号龛拓片

阿弥陁佛
觀音菩薩
大勢菩薩
清信女吉
四娘李娥
見梁小僧
劉摩児四
人同敬造

宝山三十号龛

宝山三十号龛为一塔龛。长方形壁龛中雕凿一座单层浮雕灰身塔，龛右侧另有碑形浮雕。塔通高一百三十厘米，由塔身、塔顶等部分组成。塔直接立于窟龛底部，塔身开凿拱形塔门，门两侧各立半圆形倚柱一根，下有柱础。门高三十七厘米，宽二十五厘米，门内刻坐佛一尊，佛像结跏趺坐，因头部损坏过甚形象模糊不清。尖拱形门额上所雕垂幔刻工精细，横枋上分立六个力士，做奋力承托状。檐枋两层，呈叠涩出檐状。塔顶由两层覆钵及卷叶、相轮、火焰、宝珠等组成，下层覆钵上为仰莲基座。在两层塔檐的两端，皆悬垂角铃。最上置相轮四重及火焰宝珠。塔侧碑高五十四厘米，宽三十二厘米，下有龟趺，上为碑体，碑头有小龛，龛内有坐佛一尊。

宝山三十号龛

宝山三十号龛拓片

宝山三十二号龛

宝山三十二号龛为塔龛，龛上部呈尖拱状。龛内塔为单层墓塔，通高九十七厘米，由基座、塔身、塔顶等部分组成。塔基低矮，仅高三厘米。塔身高四十四厘米，开拱券门，门高二十七厘米，宽二十四厘米，门内刻坐佛一尊，佛像结跏趺坐于塔内。塔的门额雕成火焰尖拱状，门两侧各立倚柱一根，下置柱础。塔身上端叠涩出檐两层，塔顶雕成覆钵状，外刻卷叶状纹装饰。覆钵之上雕基座，上承绶花，中间置相轮四重，顶端为宝珠。塔的右侧刻有『大唐□徽／七年四月□□日□造』的题记。

立面

剖面

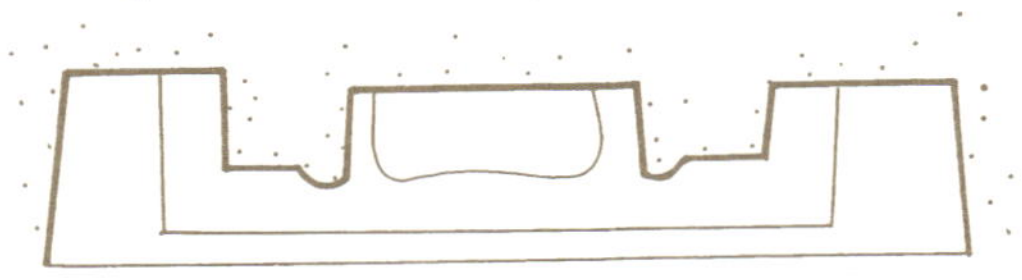

平面

宝山三十二号龛

宝山三十二号龛拓片

宝山三十四 - 三十五号龛

宝山三十四号和三十五号摩崖塔刻于同一龛内。龛内并列二塔，皆为单层灰身塔。二塔高低、形制相同，通高皆一百二十七厘米，由基座、塔身、塔顶等部分组成。三十四号塔塔身高七十四厘米，宽五十厘米，开拱券门，门高三十七厘米，宽三十厘米，门两侧刻倚柱。塔心室内刻坐僧一躯，僧头部已毁，结跏趺坐于较矮的长方形台上。门额之上有横枋一层，枋外饰相互叠压的短帷。横枋上有五个站立舞人，飘带飞舞，双手向上承托上部塔檐。塔檐叠涩出檐二层，外表线刻圆形装饰。上层檐两端垂挂角铃各一。塔檐以上为覆钵状塔顶，两侧刻画纹饰精美的卷叶装饰，顶上刻仰莲状基座，再上为小平座二层，上置小覆钵及卷叶花纹，平座两端悬垂铃，最上为精美的塔刹。三十五号塔结构造型与三十四号塔基本相同，仅塔刹造型有别，由仰莲基座、相轮、火焰宝珠等组成。

立面

剖面

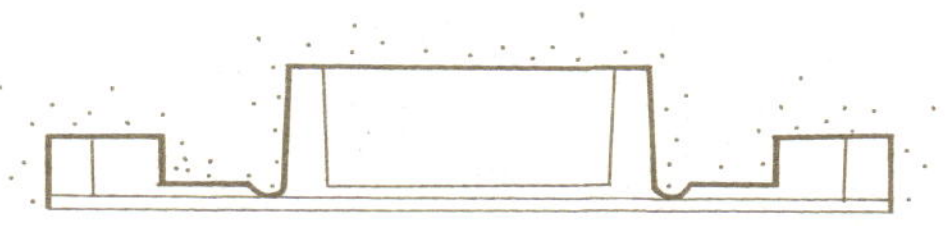
平面

立面

剖面

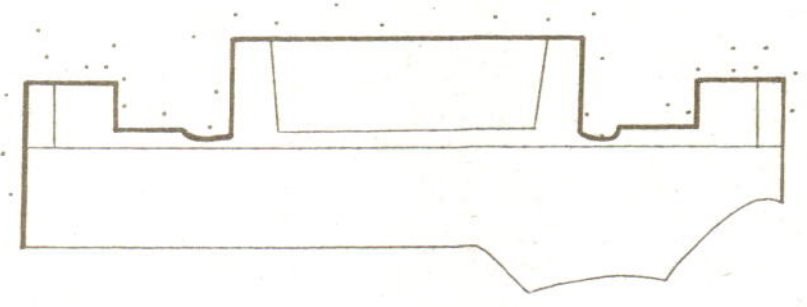
平面

宝山三十四－三十五号龛

宝山三十四－三十五号龛拓片

宝山三十六号龛

宝山三十六号龛呈长方形，内刻单层灰身塔一座。塔由矮低的基座、塔身、塔顶等部分组成。塔身向南开拱形门，门侧的倚柱两旁，各立狮子一只，因风化细部花纹不清。塔门内雕坐僧，僧结跏趺坐于台上，双臂搭于身前单腿凭几上。僧身着袍服，内着僧祇支，双手扶膝。身下的方座刻有纹饰，可惜风化过甚，细部纹饰不清。塔门上端有横枋一层，外饰相互叠压的短帷。短帷之上为舞蹈力士五人，皆挺身站立，袒胸露肌，腰系长带，姿态各异。塔身以上为叠涩檐二层，表面皆刻圆珠状装饰花纹。塔檐以上为覆钵状塔顶，四周雕山花蕉叶状花纹装饰。塔刹由仰莲基座、宝盖、小覆钵及绶花、相轮、火焰宝珠等组成。宝盖侧面亦遍饰圆珠状花纹。全塔刻工精细，造型华丽壮观。就其建筑风格判断，应为唐代作品。

立面

剖面

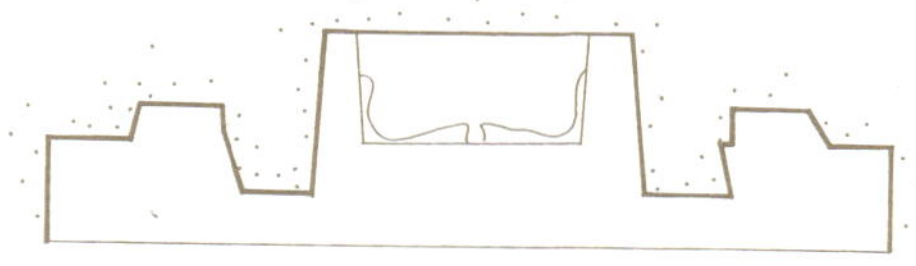

平面

宝山三十六号龛

宝山三十六号龛拓片

宝山三十八－三十九号龛

宝山三十八号和三十九号摩崖塔刻于同一龛内，二塔皆为单层灰身塔。二塔外形方正，高低、形制相同，通高皆一百五十二厘米，由基座、塔身、塔顶等部分组成。三十八号塔塔身高八十三厘米，开拱券门，门高四十六厘米，宽三十七厘米，门额呈拱状，两端做向上环绕造型。两侧刻倚柱，柱高四十一厘米。塔心室内刻坐僧一躯，僧头部已毁，结跏趺坐于较矮的台上。门额之上有横枋一层，下垂刻短帷，纹饰模糊，横枋上立舞人六个，双手向上承托上部塔檐。塔檐为叠涩出檐二层，外表线刻圆形装饰。塔檐以上为覆钵状塔顶，两侧衬以卷叶纹饰。顶上刻仰莲状基座，再上为小平座二层，上置小覆钵及卷叶花纹，最上为相轮、火焰宝珠。三十九号塔结构造型与三十八号塔基本相同。

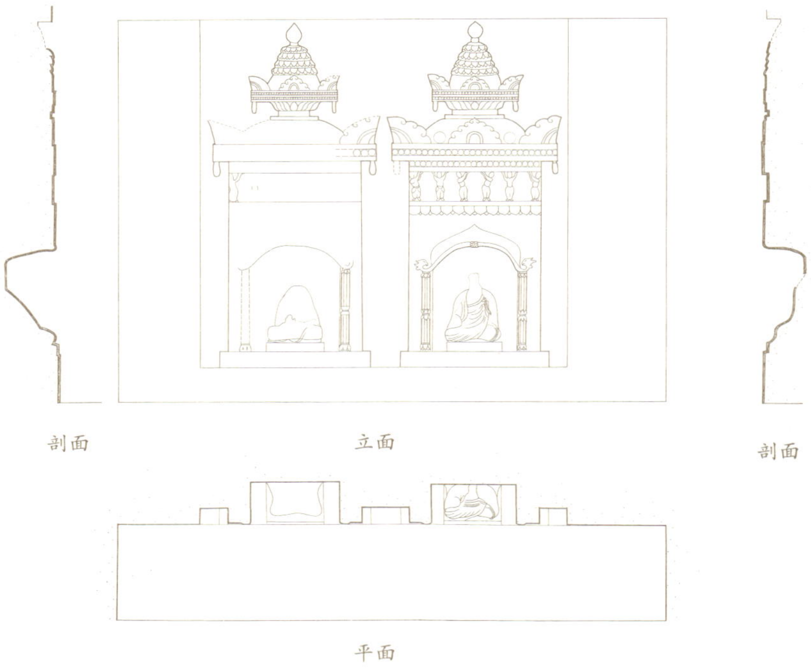

宝山三十八－三十九号龛

宝山三十八－三十九号龛拓片

宝山五十二号龛

宝山五十二号龛面向正西，龛为长方形，龛中雕凿一座单层浮雕灰身塔。塔身直接立于窟龛底部，通高一百三十八厘米，宽五十八厘米。塔身开凿尖拱形塔门，门两侧各立八角状倚柱一根，柱下为覆莲柱础，柱中部刻仰覆莲为饰，柱头亦刻成仰覆莲造型。门内刻造像一躯，像结跏趺坐于基座上，因头和上身损坏严重，形象模糊不清。门楣上雕双凤盘绕装饰，凤头自两柱头上端分别作翘首回顾状。尖拱形门额上方横枋外雕三角形垂幔，刻工精细。横枋正中刻双目圆睁、牙齿外露的凶猛螭首，两端各有蹲卧的托檐力士，间饰云纹。塔檐两端垂有角铃。塔顶由两层覆钵及卷叶、绶花等组成。最上端置宝珠两重。

塔龛左前方雕刻卧虎一只，为凸出地面的天然小型岩石雕成。虎头朝向塔龛，卧长七十八厘米，高二十八厘米，头及耳、鼻、口等皆清晰可辨，嘴露门牙，二目圆睁，双耳直上，前后肢及爪趾皆屈藏于身下，尾自左侧向前反翘搭于虎背上。体态雄健有力，形象温驯，全身刻条状花纹，生动逼真。就塔的造型结构及艺术风格判断，应为唐代石刻珍品。

宝山五十二号龛

宝山五十二号龛拓片

宝山五十三号龛

宝山五十三号龛为塔龛，龛中雕凿一单层灰身塔。塔下为低矮的基座，上立瘦高塔身。塔身分为上下两层，以腰檐相隔，腰檐以莲瓣短帷装饰。下层拱形门龛高一百一十八厘米，宽六十一厘米，门楣刻成火焰尖拱状，精雕细刻，富于变化。两侧倚柱断面呈方形，素面无饰。上层拱形小门龛高二十厘米，门侧倚柱亦素面无饰，且无柱础。门左右两侧有浮雕狮子一对，均呈蹲坐状，左侧较完整，右侧稍残。上下门龛内僧像皆失，现空无一物。上层门龛上为塔檐两层，呈叠涩出檐状。塔顶由两层覆钵及卷叶、方座等组成，下层覆钵为仰莲基座，两层塔檐的两端皆垂挂角铃，但剥蚀较重。塔刹为宝葫芦造型。

宝山五十三号龛

宝山五十三号龛拓片

宝山五十四号龛

宝山五十四号龛位于五十三号龛左侧，窟龛内雕凿一单层灰身塔。塔通高一百一十九厘米，由塔身、塔顶等部分组成。塔身直接立于窟龛底部，开凿拱形塔门，门高三十四厘米，宽二十八厘米，门两侧各立倚柱一根，门额呈拱状，门楣两端为凤回首状。门龛内刻坐佛一尊，佛像结跏趺坐。横枋外饰波纹状短帷，上分立三个力士，做奋力承托状，其间以小圆柱相隔。檐枋叠涩两层，表面雕圆形纹饰。塔顶由两层覆钵及卷叶、平座等组成，下层覆钵上为仰莲基座。在两层平座的两端，皆悬垂角铃。最上为两层相轮和火焰宝珠组成的塔刹。

立面

剖面

平面

宝山五十四号龛

宝山五十四号龛拓片

宝山五十六号龛

宝山五十六号龛为塔龛。浮雕塔通高八十三厘米，由塔身、塔顶等部分组成。塔身向南开拱券门，门额刻成火焰尖拱状，门龛两侧刻半圆形倚柱，下由较矮的圆形柱础承托。门龛内造像损坏严重，仅剩残迹，形象模糊不清。横枋外饰十二瓣莲瓣组成的短帷，上立托檐力士五人，人高九厘米，姿态优美，形象生动，飘带随风飘扬。塔檐两层，上为两层塔顶，均由覆钵及卷叶等组成。在两层塔檐的两端，皆悬垂角铃。最上置相轮、宝珠为刹。就塔的造型及雕刻艺术风格判断应为唐代的。

剖面

立面

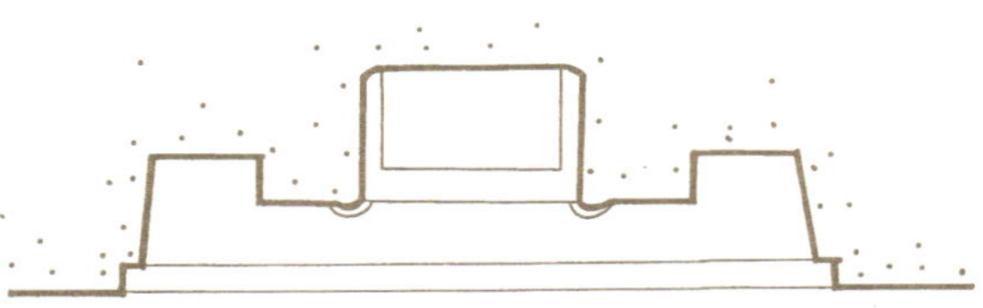

平面

宝山五十六号龛

宝山五十六号龛拓片

宝山五十七号龛

宝山五十七号龛形制与五十六号龛基本相同，通高一百一十三厘米，由塔基、塔身、塔顶等部分组成。塔身向南开拱券门，门额刻成火焰尖拱状，门楣两端向上卷曲。门龛两侧刻倚柱，下无柱础。塔心室内造像已无存。

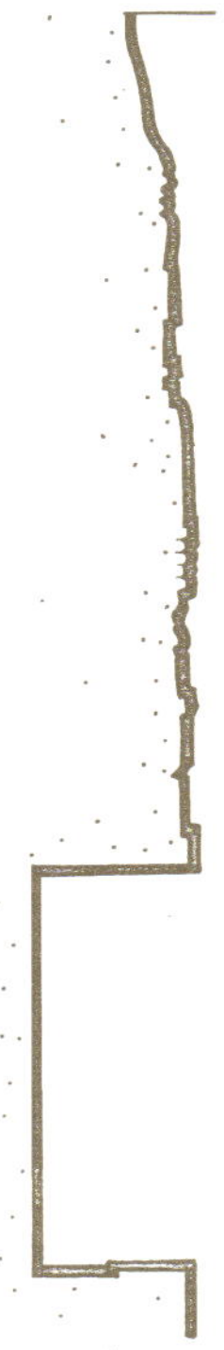

剖面

立面

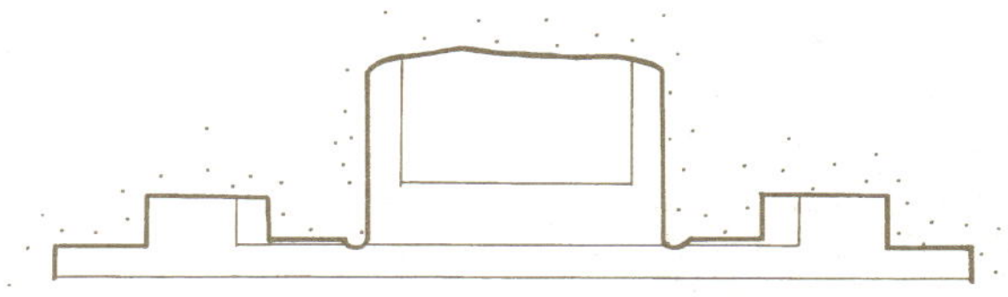

平面

宝山五十七号龛

宝山五十七号龛拓片

宝山五十九号龛

宝山五十九号龛为一塔二碑龛。龛中央雕琢一座单层灰身塔，两侧各为碑刻。塔通高一百六十一厘米，由塔基、塔身、塔顶等部分组成。塔基较低矮，高七厘米，宽七十厘米。塔身中间开拱券门，门两侧立倚柱，柱下础为莲瓣状，同倚柱中部和上端莲瓣造型相呼应。塔两侧碑同塔高，宽度都为一百零二厘米。碑刻现大面积剥蚀，造成碑文缺失较多。塔身右侧阴刻文字为『□□□□师灰身塔』。

立面

剖面

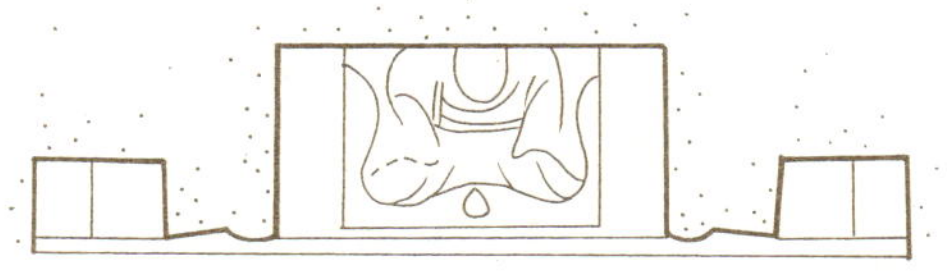

平面

宝山五十九号龛

大唐貞觀六年歲次壬辰六月壬午[illegible]丑建大法師行記弟子[illegible]
夫聖生西域影示現於東川教被[illegible]方代故如來滅後千年之[illegible]
凡夫法師之傳法也暨大魏太和[illegible]城胥大法師名[illegible]
賢未簡而悲於苦海志存傳化遂[illegible]夏迦[illegible]斯東夏授以[illegible]
水不失一滴其光律師俗姓楊[illegible]名[illegible]称齊魏十有餘人[illegible]
乘籤旨深會取捨之方秘教隨[illegible]道憑法師之[illegible]
若十地秘論因本無綱[illegible]傳燈[illegible]一人也蓋明[illegible]
上首也又是光律師之孫憑法師[illegible]法師道[illegible]
且散矣薄言從宦巡獵野[illegible]樹數息[illegible]
誰乎不計危亡專授陵夷於朧[illegible]
曰此非佛法矣求仙之念從是[illegible]
浮提中作家大法師[illegible]
聽十地地持其法師也道韓道[illegible]
胥四王之德師於夏日輒患目[illegible]
具戒受已翹翩復返上京李王[illegible]
學於四分其律師也業想精[illegible]
潛下寺晉尾一周時造十[illegible]
又患求師栖勤之苦遂披[illegible]
法師記德碑文一首世一[illegible]
一卷集菩薩戒本一卷集[illegible]
四有餘遍而遍既周私[illegible]
年冬在鄴京講十地論[illegible]
年卌三聊講華嚴時有[illegible]
此康下隨力撰制謂集[illegible]
集无量壽經疏一卷集[illegible]
教論疏一卷集衆經宗[illegible]
雜心成無有羅論一卷[illegible]
陽隨宜闡說二智[illegible]

[illegible]千載之後咨有
[illegible]明求道精勤聖
[illegible]如神寫[illegible]
[illegible]若夫
[illegible]成弟子廿餘人
[illegible]當千年之後之
[illegible]中涉學[illegible]
[illegible]忠情既叢苗者
[illegible]已向周有人言
[illegible]吾嘗學問於閭
[illegible]年大法師
[illegible]威魏自任薄
[illegible]向定州而受一
[illegible]廿六從隱律師
[illegible]白歷李
[illegible]鄴更訪名醫
[illegible]首大
[illegible]卷[illegible]勝鬘疏
[illegible]師聽維摩毗曇
[illegible]四[illegible]天保九
[illegible]卷合十二卷矣
[illegible]康[illegible]昧而已於
[illegible]極廣羅疏一卷
[illegible]疏二卷集遺
[illegible]寶論一卷集食
[illegible]矣年卌七赴請覺
[illegible]聖駕在運三寶頹

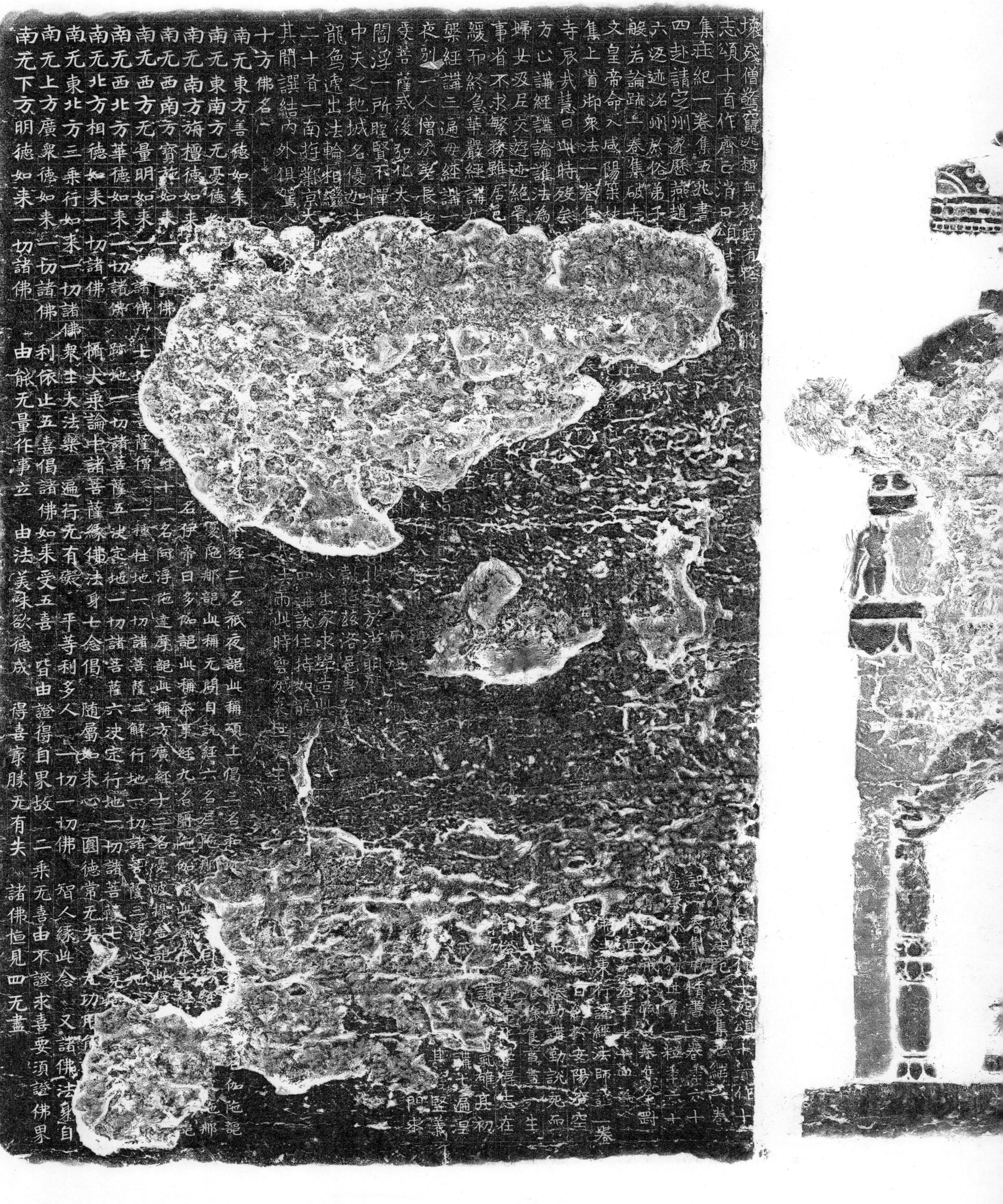

宝山五十九号龛拓片

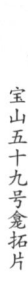

宝山六十五号龛

宝山六十五号龛为塔龛，由塔右上部刻文可知为慈闰寺故大智迴论师灰身塔。龛内居中为塔，南向，塔通高一百一十五厘米，由塔基、塔身、塔顶等部分组成。塔基座呈二层阶梯状，塔身中间开拱形门，门额呈尖拱状。门龛两侧各立倚柱一根，柱下为覆莲柱础，中部刻仰覆莲为饰，柱头亦刻成仰覆莲造型，纹饰剥蚀较重，较为模糊。门龛内置一坐僧，僧结跏趺坐于基座上，面部已风化，两臂前伸，手扶于单腿半圆状凭几上，两膝露于几下。塔身上部叠涩出檐五层，上置覆钵状塔顶，外饰卷叶及缠枝状花纹，再上为仰莲基座、相轮、宝珠。塔顶右侧刻有『大唐贞观十八年二月十五日弟子智德……』和『慈闰寺故大智回论师灰身塔，贞观十六年十月／十日终于山□所，刊石记言』铭文题记。该塔整体造型庄重大方。

立面

剖面

平面

宝山六十五号龛

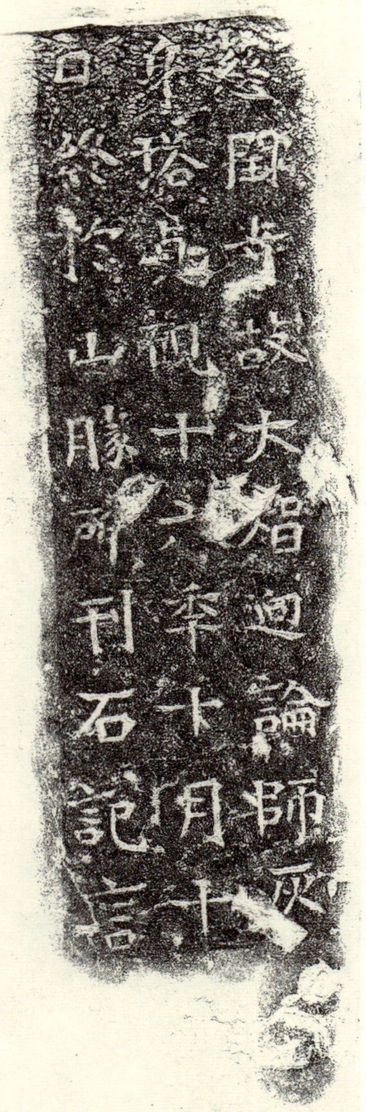

宝山六十五号龛拓片

宝山六十六号龛

宝山六十六号龛为塔龛，为光严寺故大正座慧登法师灰身塔。塔南向，通高八十一厘米，由塔基、塔身、塔顶等部分组成。塔身中间开拱券门，门额呈火焰尖拱状，门两侧雕方形倚柱，塔心室内雕僧像，僧结跏趺坐于内。僧造像基本完整，唯面部剥蚀，眉目模糊不清。坐僧内着圆领袍衣，外披袈裟，双手握于膝上。塔身上部叠涩出檐二层，塔顶呈覆钵状，外饰山花蕉叶花纹。塔刹由仰莲基座、三重相轮及圆形宝珠组成。塔身右侧石壁题刻有『光严寺故大正坐慧登／法师灰身塔，大唐永徽五／年二月二日』题铭。

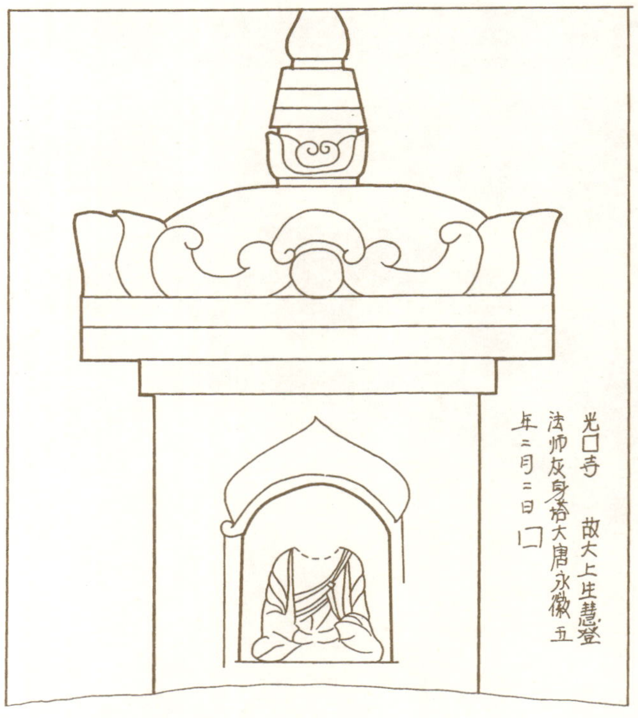

立面

平面

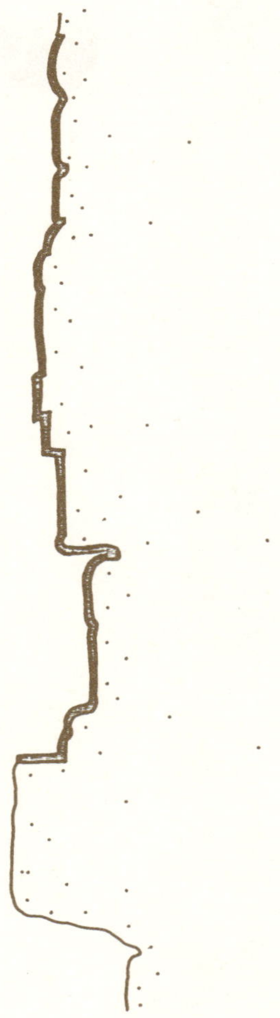

剖面

宝山六十六号龛

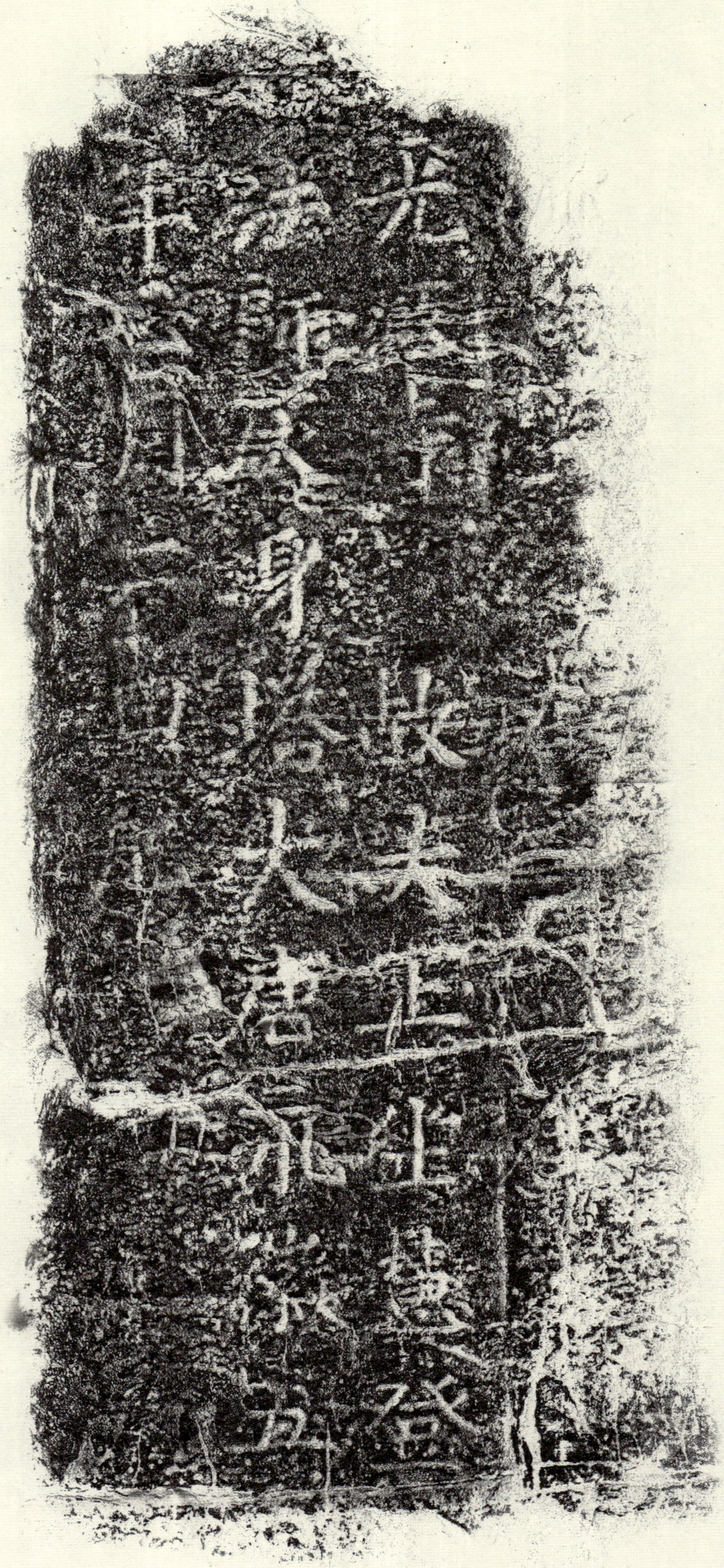

宝山六十六号龛拓片

宝山六十七号龛

宝山六十七号龛为塔龛。塔龛坐东向西，通高九十二厘米。塔直接立于龛底部，中间开凿拱形塔门，门额呈尖拱形，两端作向上环绕造型，门两侧各立倚柱一根，下雕覆钵状柱础，柱头有明显卷杀，整个柱身略呈梭形。门内雕一坐僧，其头部已毁，身穿圆领袍衣，内着僧祇支，结跏趺坐，两臂扶于半圆形单腿凭几上。塔身上部叠涩出檐五层，塔顶呈覆钵状，四面刻有山花蕉叶花纹相衬托，塔刹为覆莲装饰的圆形基座承托相轮五层和宝珠。塔刹两侧刻有『故清信士／吕小师灰／身塔』及『大唐显庆／三年四月／八日妻戴／敬造』题铭。从题铭看，该塔系其妻为信佛的亡夫所建，这在佛门塔林中较为少见。

立面

剖面

平面

宝山六十七号龛

宝山六十七号龛拓片

宝山六十八号龛

宝山六十八号龛为塔龛，方位为南向，塔为比丘道寂灰身塔。塔通高八十八厘米，由塔基、塔身、塔顶等部分组成。塔基为长方体，塔身中开拱券门，门额呈火焰尖拱状，门两侧置方形倚柱。塔心室内雕僧像一躯，其内着袍衣，外披袈裟，结跏趺坐于矮座上，全身比例匀称，惜面目剥蚀不清。塔身上部叠涩出檐两层，其上反叠涩一层，檐上置覆钵状塔顶，四面雕山花蕉叶状花纹，最上置相轮三重及宝珠为刹。塔刹两侧镌刻有『比丘道寂／愿生安乐／灰身塔』及『大隋仁寿／元年正月／二十日终……』题铭。

立面

剖面

平面

宝山六十八号龛

宝山六十八号龛拓片

宝山六十九号龛

宝山六十九号龛为塔龛。该龛同六十八号龛相邻，方位为南向，塔为单层灰身塔。塔通高七十八厘米，由塔基、塔身、塔顶等部分组成。塔身中开拱券门，门高二十二厘米，宽二十一厘米。门额呈火焰尖拱状，门楣两端呈弯钩状向上卷翘造型。门两侧置方形倚柱。塔心室内雕僧像一躯，其着袍衣，结跏趺而坐，全身比例匀称，面目剥蚀不清。塔身上部叠涩出檐五层，上置覆钵状塔顶，外饰精美山花蕉叶纹饰，最上置相轮五重及宝珠为刹。

立面

剖面

平面

宝山六十九号龛

宝山六十九号龛拓片

宝山七十三号龛

宝山七十三号龛为塔龛，塔为居士曹罗什塔。塔通高一百零八厘米，由塔基、塔身、塔顶等部分组成。塔基座为两层阶梯状，塔身前壁开拱券门，门两侧刻八角倚柱，下置柱础，柱头为覆莲状，柱身下粗上细，略呈梭形。门额呈火焰尖拱状，门楣两端呈弯钩状向上卷翘造型。门内刻僧像一躯，因剥蚀过甚其形象不清，就残迹看，僧结跏趺坐于方形基座上，双臂扶于三足的半圆形凭几上。塔身上部叠涩檐五层，上置覆钵状塔顶，周围雕卷叶状花纹衬托。最上置仰莲基座及三重相轮和火焰状宝珠为刹。塔右侧刻有『故人居士／曹罗什塔』及『故郝□／居士塔』题铭。

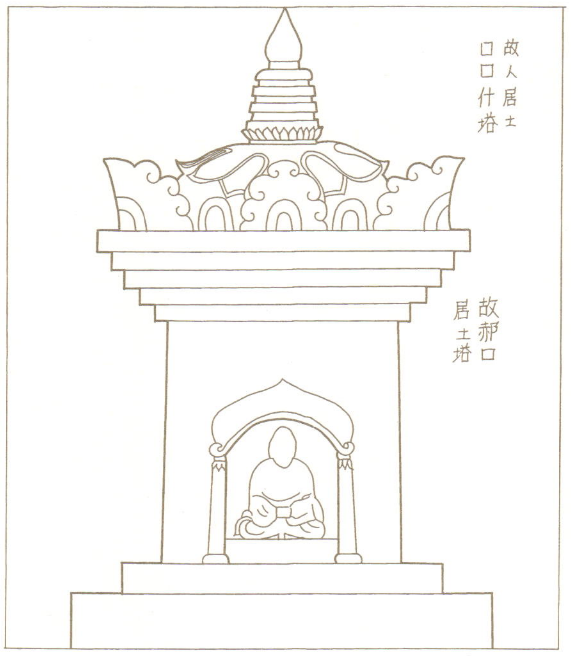

立面

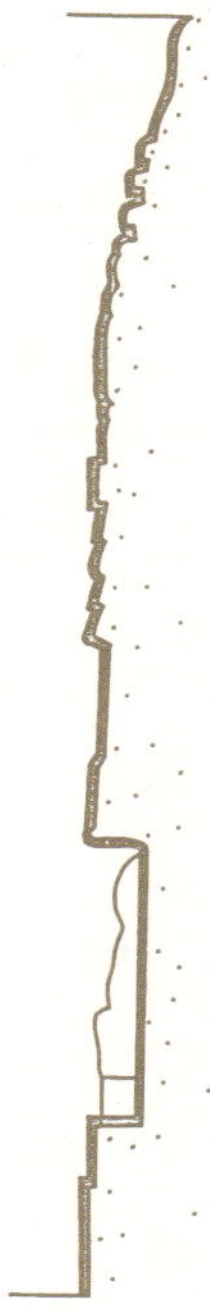

剖面

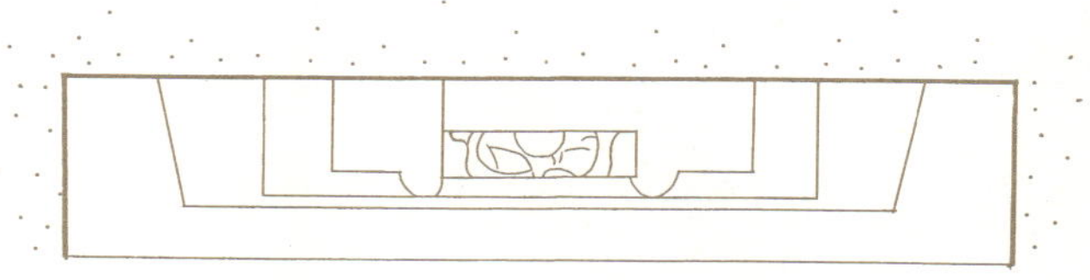

平面

宝山七十三号龛

宝山七十三号龛拓片

宝山七十四号龛

宝山七十四号龛为塔龛，方位为南向，塔为单层灰身塔。塔通高一百一十三厘米，由基座、塔身、塔顶等部分组成。整体造型与七十三号龛类同。门内一僧结跏趺坐，面部已毁，身着圆领长衣，衣褶稠密覆垂于座下。塔身上部叠涩出檐五层，上承覆钵状塔顶，四周刻卷叶、缠枝等纹饰，塔刹由仰莲、相轮三重及宝珠组成。塔刹两侧刻有『比丘讳慈明，／大隋开皇十／四年十月五／日终，年二十／九，仁寿二年／四月五日建／塔支提以旌／长代』的题记。

立面

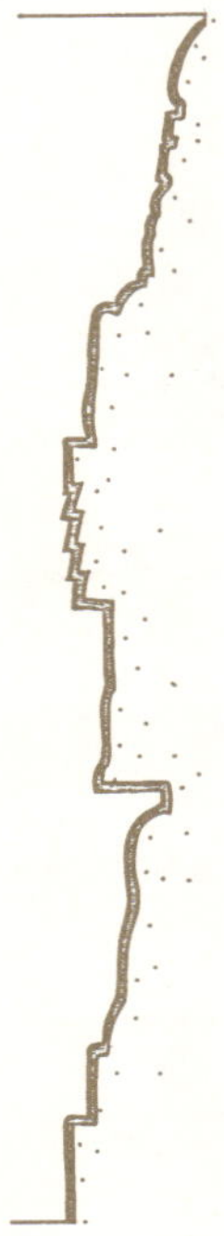

剖面

平面

宝山七十四号龛

宝山七十四号龛拓片

宝山七十五号龛

宝山七十五号龛位于七十四号龛的西侧，为塔龛，中为单层灰身塔。塔面向西南，通高一百一十三厘米，由基座、塔身、塔顶等部分组成。基座为二层阶级状。塔身高一百零五厘米，宽六十厘米。塔身正面开拱券门，门内一僧结跏趺坐于饰有云形纹饰的方座上，光头，面貌因剥蚀严重无法辨认。僧身穿圆领袍衣，外披袈裟。门额较高略呈火焰尖拱状，门楣呈如意状，两端呈弯钩状向上卷翘。门两侧分立八角状倚柱，下为莲花柱础，柱头为覆莲状，柱腰亦雕饰覆莲瓣装饰。塔身上部叠涩出檐五层，上承覆钵状塔顶，四周伴以山花蕉叶和云纹。最上置四层相轮、火焰宝珠组成的塔刹。塔身右侧石壁上镌刻『慈润寺故大智□律师灰／身塔，圆观十六年正月廿／五日终于山□所，刊石记言。大唐贞观十□年四月／十二日□师□□弟子智／□敬造』的题铭，表明该塔建于唐贞观年间，为初唐石刻作品。

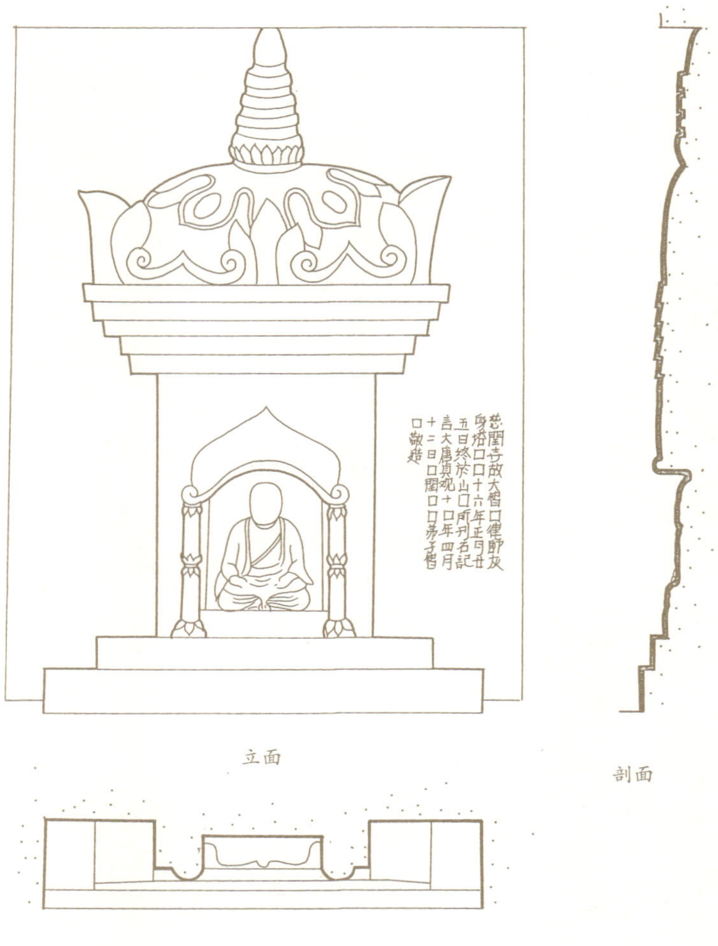

立面　剖面　平面

宝山七十五号龛

宝山七十五号龛拓片

宝山七十六号龛

宝山七十六号龛位于七十五号龛之西，为塔龛。塔为故优婆塞张客子灰身塔。塔通高一百二十一厘米，由塔基、塔身、塔顶等部分组成。塔身中间开拱券形塔门，旁无倚柱和额部装饰。门内一造像，双手合十，右腿翘起，左腿平放，惜面部已毁，细部形象不清。塔身上为三层塔檐，上承覆钵状塔顶，周围饰以卷草花纹。最上部为基座、绶花、三重相轮和火焰宝珠组成的塔刹。门两侧刻『故优婆塞张客子/灰身塔』和『大唐永徽元年六月八日造』题铭。就塔铭题记判断，该塔为唐永徽元年（六五〇）所建。

立面

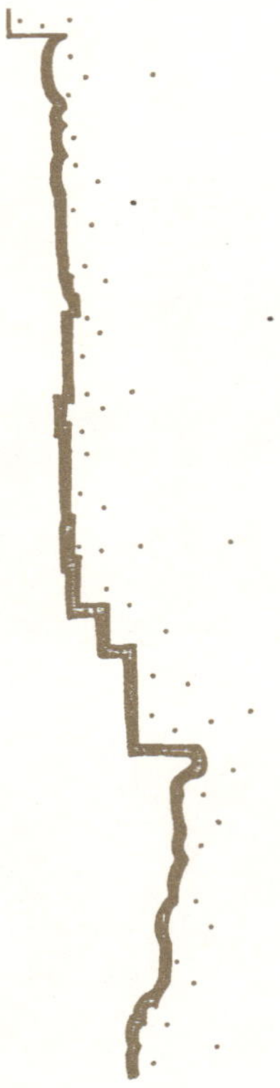

剖面

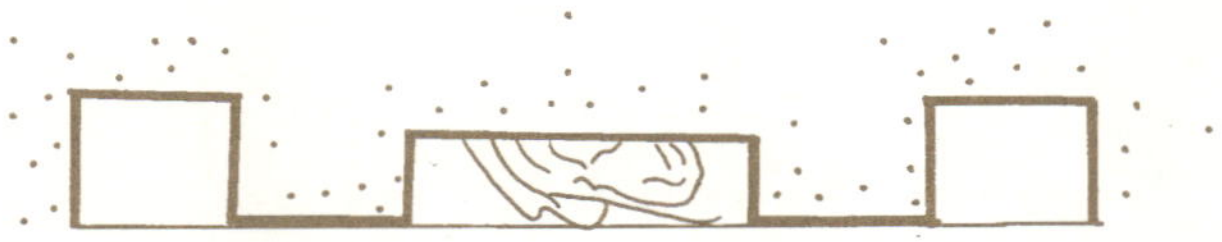

平面

宝山七十六号龛

宝山七十六号龛拓片

宝山七十七号龛

宝山七十七号龛为塔龛，位于七十六号龛北侧，坐东面西。塔通高一百五十八厘米，由塔身、塔顶等部分组成。塔身中间开拱券门，额为火焰尖拱状，两侧雕莲花倚柱，柱头雕覆莲，柱腰刻仰覆莲瓣，柱础亦雕成覆莲状。门额之上横枋外饰莲花瓣组成的短帷，其上刻站立的力士六人，力士双手承托塔檐，皆呈舞姿状。塔檐叠涩二层，上层檐两端悬挂角铃各一枚。塔顶由两层覆钵及卷叶状花纹组成，最上部置相轮四重及火焰宝珠为刹。塔身两侧刻有题记，右侧为『灵泉寺故大修行禅师灰身塔记』，左侧为『大唐贞观廿一年七月八日邑子等敬造』。根据题记可知该塔建于唐初。

立面

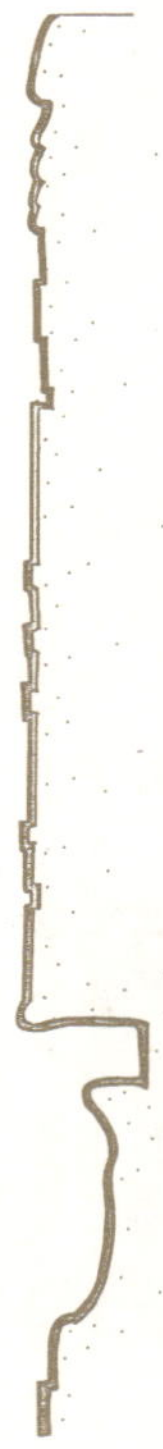
剖面

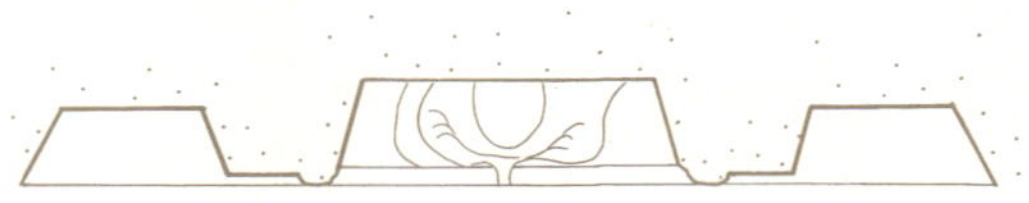
平面

宝山七十七号龛

宝山七十七号龛拓片

宝山七十八号龛

宝山七十八号龛为塔龛，方向由东北略面向西南，龛上部凿为尖拱状，内置双层浮雕石塔。塔通高一百二十七厘米，无基座，直接立于龛底部。塔身中间开拱券门，内雕坐僧一躯。僧面部已毁，身穿圆领僧衣，衣纹稠密，两手及臂扶于单腿凭几上。门额为尖拱状，两侧各立倚柱。塔身上端叠涩出檐三层，反叠涩二层，之上为一层塔身，其上承叠涩檐二层，上置覆钵状塔顶，四面雕山花蕉叶状花纹装饰，最上置相轮四重及宝珠为刹。门额上方有题记：『慈闰寺故大明歆律师支/提塔记……』就塔的造型和细部装饰推断该塔应为唐代石刻作品。

立面

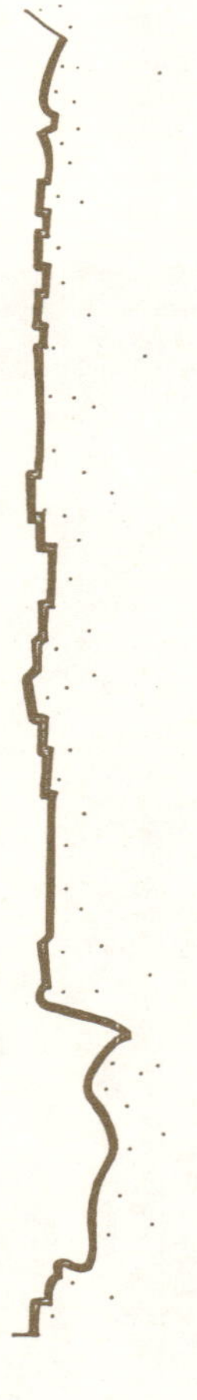

剖面

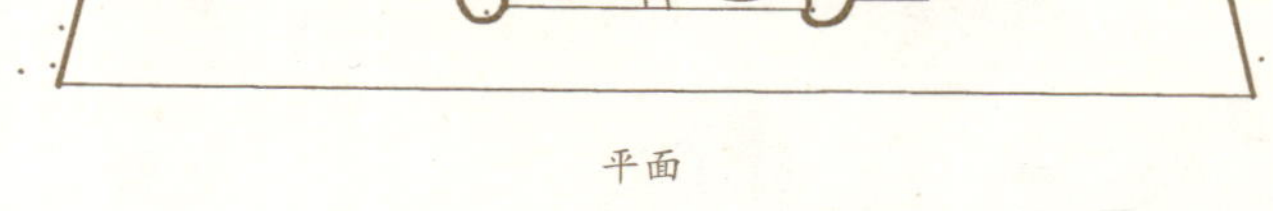

平面

宝山七十八号龛

宝山七十八号龛拓片

宝山七十九号龛

宝山七十九号龛位于七十八号龛西侧，为塔龛，方向正南。塔为报应寺故大海云法师灰身塔，通高一百六十厘米，直接立于龛底部。塔身向南开拱券门，门内一坐僧，面部已毁，身着圆领长袍，外套袈裟，结跏趺坐于低矮方座上，身前原刻有半圆形单腿凭几，现已毁，仅剩残迹。门额刻成火焰尖拱状，门楣两端呈弯钩形向上卷翘造型。门额上横枋外饰覆莲瓣组成的帷幕，上立力士五人，皆双手承托塔檐。上层檐两端刻角铃各一枚。塔顶为覆钵状，两侧饰以卷叶状纹饰，上承束腰形基座，基座上刻一组由覆钵，绶花和覆莲四层及火焰宝珠组成的塔刹。塔身刻有『报应寺故大海云法师灰身塔』和『大唐贞观廿年四月八日敬造』题铭。该塔龛右侧石壁另刻有长篇铭记，现风化较甚，字迹多模糊。

立面

剖面

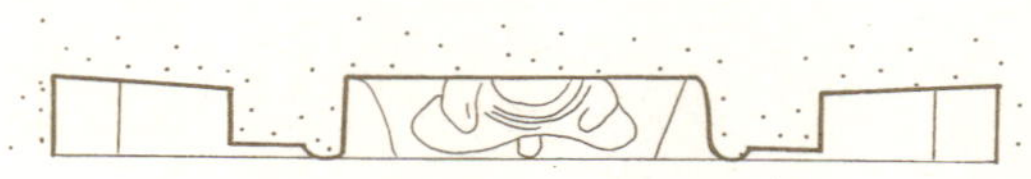

平面

宝山七十九号龛

宝山七十九号龛拓片

宝山八十号龛

宝山八十号龛位于七十九号龛的西侧，通高一百六十三厘米，无基座，直接立于龛底部。塔门南向，高四十六厘米，宽三十三厘米。门内坐僧高三十四厘米，现头部已毁，身穿圆领袍衣，衣纹稠密覆垂于方座上，双手及臂扶于单腿凭几上。门额甚为宽厚，刻成火焰尖拱状。门侧无倚柱。门右侧外壁刻有『十一年四月廿三日终』题记。塔身上端叠涩二层檐，反叠涩一层。塔顶呈元宝状，两侧衬以绶花，表面刻出卷草纹。塔刹由相轮四重、圆形宝光和宝珠组成。塔刹两侧刻『故大僧堪法师／灰身塔』和『大唐贞观十二／年四月八日造』题记。

宝山八十号龛

宝山八十号龛拓片

宝山八十二号龛

宝山八十二号龛为屋龛。龛内为一座殿堂式建筑石刻。殿为四阿顶，面阔三间，明间正中开一拱券门，内刻一身穿紧身便服的居士造像。居士头戴帽，双手合十，右腿跪立，左腿平放，因面部损毁，面容模糊不清。建筑的四根檐柱上承柱头铺作，明间额枋上承人字拱。每铺作之上皆承托替木一节并承通长橑檐枋。殿堂前坡铺设筒瓦二十四垄，正脊两段各施一大型鸱尾。宝山八十二号龛的建筑造型有别于众多塔龛，对研究我国唐代殿堂建筑具有一定价值。屋龛右侧崖壁刻有『故居士子萧俭灰／身塔，大唐永徽元／年二月八日造』铭文题刻。

立面

剖面

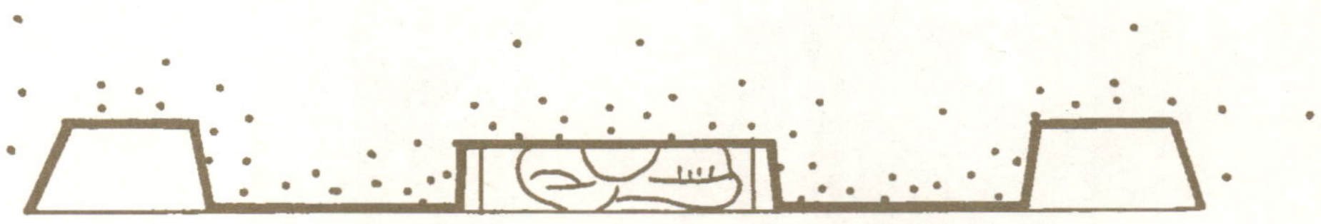

平面

宝山八十二号龛

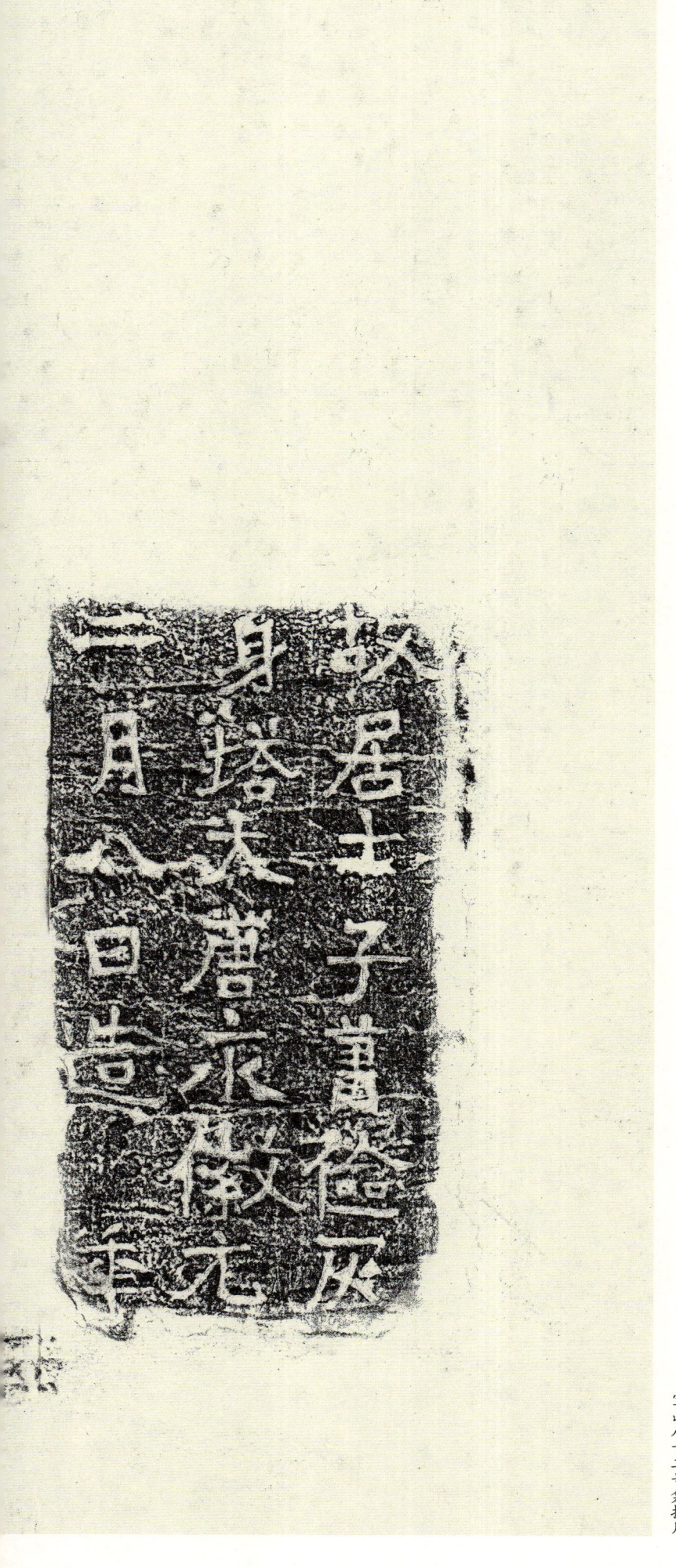

宝山八十二号龛拓片

宝山八十三号龛

宝山八十三号龛位于八十二号屋形龛之西邻，坐北向南，为塔龛。龛内塔通高一百厘米，由塔基、塔身、塔顶等部分组成。塔基上为长方形塔身，向南开拱券门为塔心室，门额刻成火焰尖拱状。拱门两侧刻半圆形倚柱两根，柱高二十二厘米，柱础呈仰莲状，柱腰刻仰覆莲瓣，柱头有明显卷杀，并刻有覆莲装饰。塔心室内刻信士弟子坐像一躯，高十九厘米。像面目清晰，面带微笑，头戴圆顶小帽，身着对襟紧身窄袖短衣，下身着裤，结跏趺坐于长方形台上，两手伸于膝前并持念珠，身材比例匀称，造型生动逼真，塔整体保存完整。塔身上叠涩出檐五层，塔顶为覆钵状，上覆八枚莲瓣，周以山花蕉叶状花纹衬托，最上为由仰莲、相轮四重及宝珠构成的塔刹。

在塔龛东侧壁面刻有『故大优婆塞晋州洪洞县令孙伯悦灰身塔铭／优婆塞姓孙字伯悦相州尧城人也世衣缨苗裔无／坠身居薄宦情达苦空每厌尘劳心希彼岸虽处居／家不愿三界见有妻子常忻梵行悦去隋朝身故未／经大殡悦有出家女尼字智觉住圣道寺念父生育／之恩又忆出家解脱之路不重俗家迁穸意慕大圣／泥洹今以大唐贞观廿年十月十五日起塔于宝山／之谷异居婆塞之类同沾释氏之流今故勒石当使／劫尽年终表心无坠善哉善哉乃为铭曰／哲人厌世不贵俗荣苦空非有随缘受生身世磨灭／未莗雄英高坟旷垄唯瞩荒荆／且乖俗类同彼如行／俱知不善唯愿明明』铭文题刻。

立面

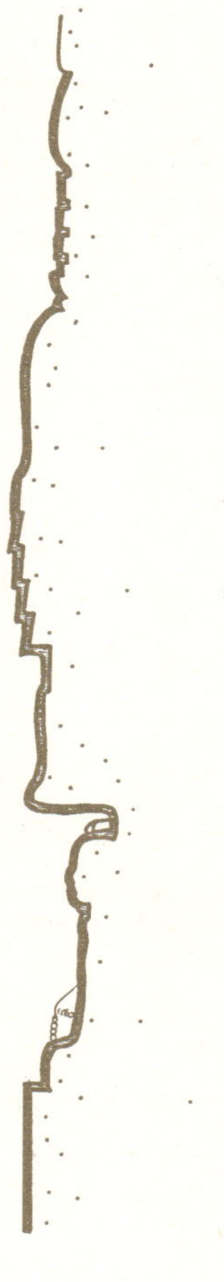

剖面

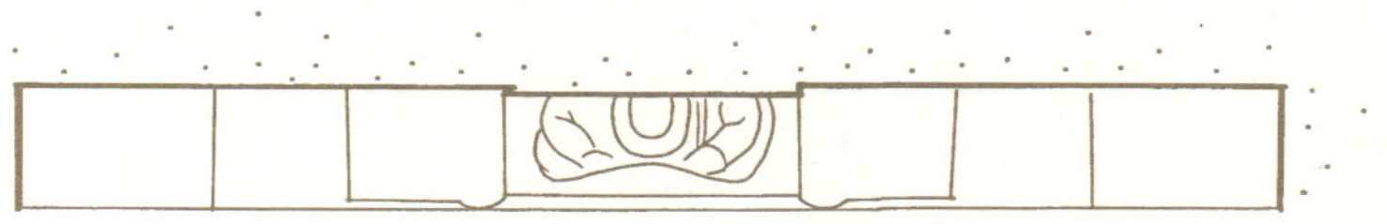

平面

宝山八十三号龛

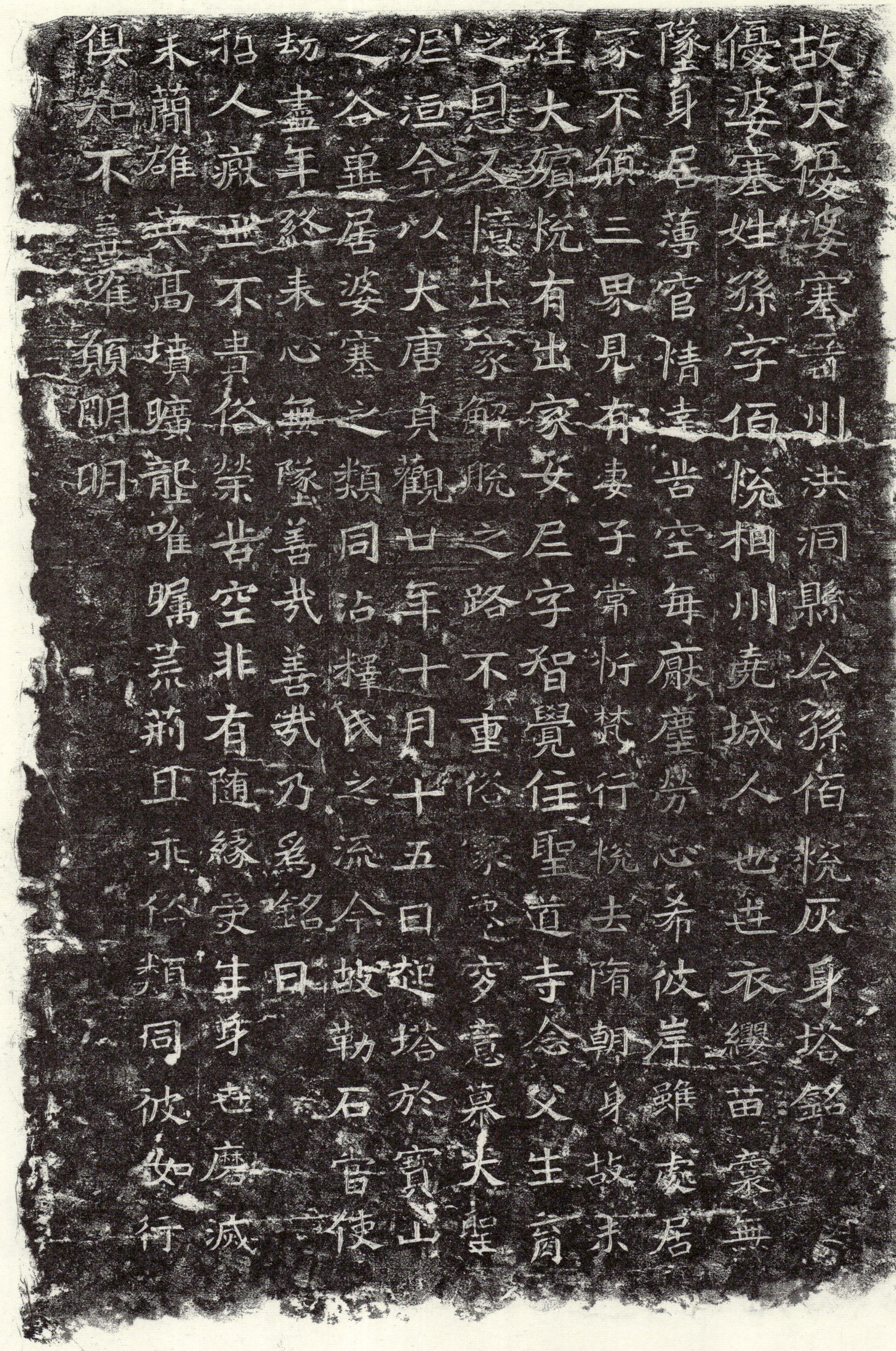

故大優婆塞晉川洪洞縣令孫佰悅灰身塔銘
優婆塞姓孫字佰悅相川堯城人也世衣纓苗裔無
隆身居薄宦情達苦空每厭塵勞心希彼岸雖處居
家不類三界見有妻子常修梵行悅去隋朝身故未
經大殯悅有出家女尼字智覺住聖道寺念父生育
之恩又憶出家解脫之路不重俗家之亨意慕大聖
泥洹今以大唐貞觀廿年十月十五日起塔於寶山
之谷豈居婆塞之類同沾釋氏之流今故勒石宣使
劫盡年終表心無墜善哉善哉乃爲銘曰
哲人厭世不貴俗榮苦空非有隨緣受生身世磨滅
未簡雄英高墳曠壟唯矚荒荊丘乖俗類同彼如何
俱知不善唯願明明

宝山八十三号龛拓片

宝山九十六号龛

宝山九十六号龛位于八十三号塔龛西侧地势稍高的断壁上，为塔龛。龛内为一单层灰身塔。塔通高一百五十厘米，由塔基、塔身及塔顶等部分组成。塔基较低矮，上置塔身高七十五厘米，宽五十七厘米。塔身正面开拱券塔门，门额高宽，外形刻成火焰尖拱状，门楣呈弯弓形，两端起翘呈卷叶状，门两侧各有倚柱一根，柱身大致呈梭形，下有柱础。门内原有造像，现已不存。门额之上横枋外刻十三枚宝装莲瓣组成的短帷，形象华丽逼真。横枋上浮雕站立力士六人，每人皆侧身向内，分别用双手向上承托塔檐，形象生动。塔檐由两层组成，外饰圆球形花纹。上层檐的两端各有角铃一枚。塔檐上为覆钵状塔顶，两侧雕以大型卷叶相陪衬。塔顶之上为一精刻的仰莲基座，上承宝盖、绶花、仰覆莲瓣及火焰宝珠组成的塔刹。塔整体造型华丽壮观，细部花纹雕刻精湛生动。

立面

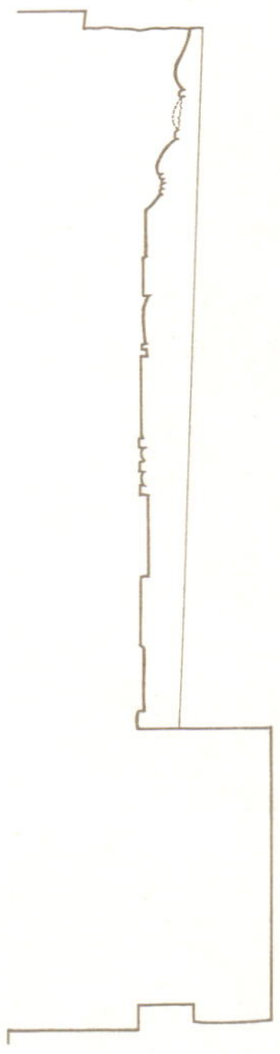
剖面

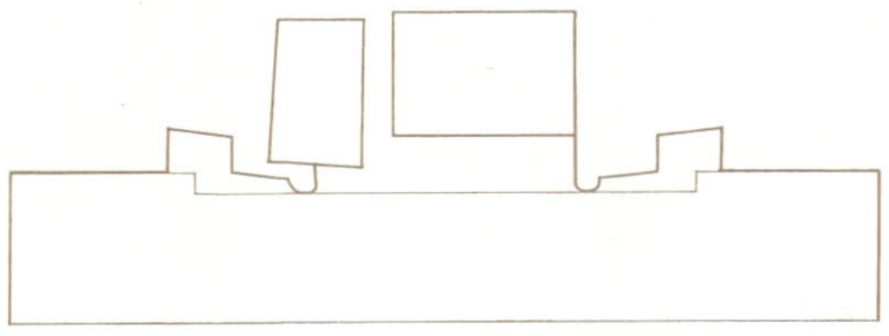
平面

宝山九十六号龛

宝山九十六号龛拓片

宝山九十七号龛

宝山九十七号龛为一佛龛，总高一百零二厘米，宽五十三厘米。佛龛呈尖拱状，龛内刻坐僧一尊，僧高四十八厘米，结跏趺坐于龛内高台上。台高二十五厘米，立面浅刻壶门形纹饰。坐僧面部已毁，身穿僧衣，衣纹稠密，两手及臂扶于身前单腿凭几上。坐僧头上方后壁雕凿一小龛，龛高十二厘米，宽九厘米，内置坐佛一尊。佛龛左侧壁面上刻有铭文『□□□□□□□□元藏俗姓张载圭／□□□□□□天宝三载三月十五日□，天宝六／载□月十五日入塔□灰身塔』。

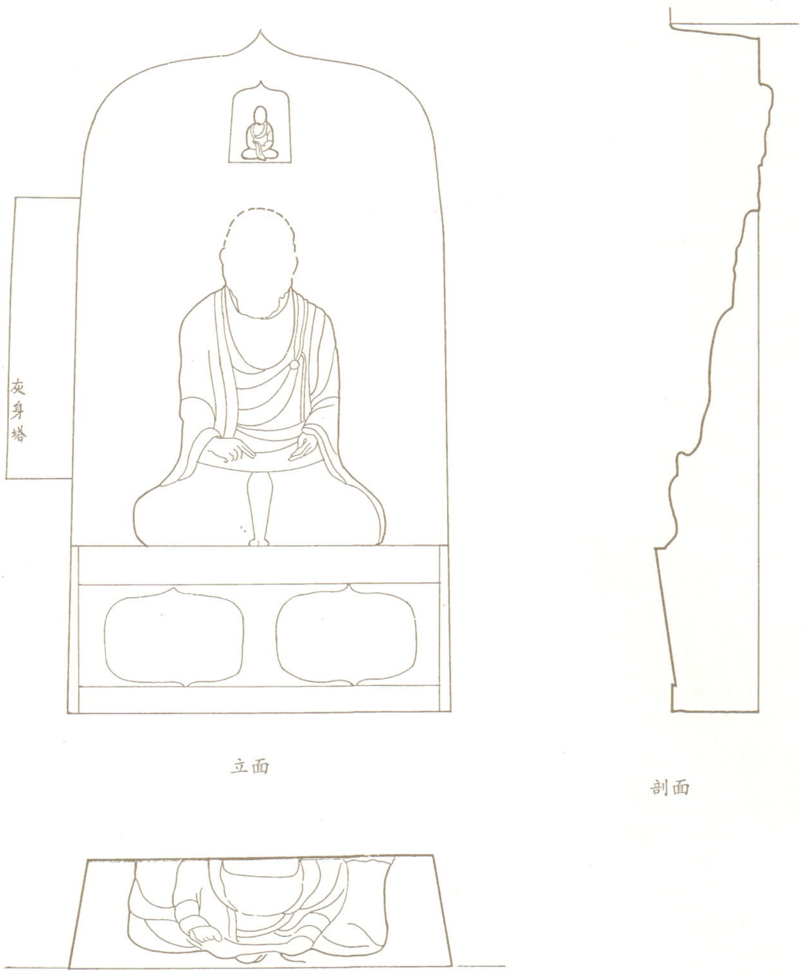

宝山九十七号龛

宝山九十七号龛拓片

宝山九十八－九十九号龛

宝山九十八－九十九号龛位于九十七号龛西侧，龛内并列二塔，皆为单层灰身塔。二塔面南而置，通高皆一百零二厘米，无基座，全塔由塔身、塔顶等部分组成。九十八号塔塔身高六十二厘米，中开拱券门，门额为尖拱状，两侧刻方形倚柱，柱高二十一厘米。门龛内刻一坐僧，僧身着圆领宽袖袍衣，内着僧祇支，头部已毁，结跏趺坐于低矮的长方形台上，两手臂向前扶于半圆形凭几上。横枋外饰莲瓣花纹组成的短帷，其上雕舞蹈状的托塔立人五个，均作舞蹈状。塔檐叠涩二层，外表线刻圆形装饰，上层檐两端垂挂角铃各一。塔顶为覆钵状，两侧衬以卷叶。塔顶上承仰莲状基座、小平座一层，上置卷叶花纹装饰的小覆钵，最上以覆莲两层及宝珠为刹。九十九号塔高低、形制与九十八号塔类同，塔心室内造像不存。就二塔的造型判断，应属唐塔。

宝山九十八－九十九号龛

宝山九十八－九十九号龛拓片

宝山一百号龛

宝山一百号龛为塔龛，坐北向南稍偏东，龛内雕刻单层灰身塔。塔通高一百五十五厘米，由塔基、塔身、塔顶等部分组成。基座两层，呈阶梯状，塔身中间开券门，门额呈尖拱状，门楣两端雕刻为反首回顾的凤头。门两侧刻有八角倚柱，柱高三十厘米，柱头及柱础皆刻成覆莲状，柱腰亦刻仰覆莲装饰。门额之上的横枋外饰短帷，其上雕舞蹈状的托塔立人六个。塔檐二层，上层檐两端各施垂铃。塔顶为覆钵状，两侧刻卷叶状纹饰，钵体上为仰莲基座，上置宝盖及卷叶花纹装饰的小型覆钵。最上部以覆莲瓣五层组成的相轮及宝珠为刹。塔身右侧刻有『大慈寺主玄起法师灰身塔』铭文题记。

立面

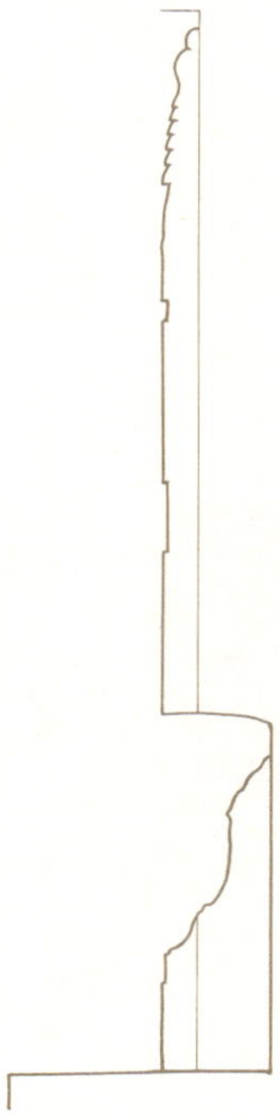
剖面

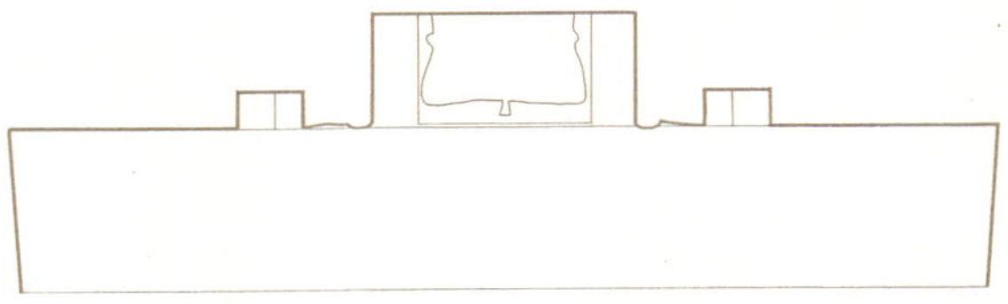
平面

宝山一百号龛

宝山一百号龛拓片

宝山一百零一－一百零二号龛

宝山一百零一－一百零二号龛为一龛内并列二塔形制。二塔造型基本相同，通高皆一百四十厘米，由塔基、塔身、塔顶等部分组成。塔向南开龛门，门内雕坐僧一躯。僧头部残损，前肢残缺，下肢结跏趺坐于长方形㚏盒状台座上。塔门两侧为八角形倚柱，上下粗细相当。塔身上部横枋上雕刻体态健壮的蹲卧力士三个，均呈双手托檐状。中间一人肌肉裸露丰满，挺胸鼓肚，形若相扑，其双臂分左右向上紧托塔檐。两旁力士分别扭向外侧，腿作跪立状，用单臂紧托塔檐。塔檐上为覆钵状塔顶，两侧雕以大型卷叶相陪衬。塔顶上部为仰莲基座，上置宝盖及卷叶花纹装饰的小型覆钵。最上置覆莲瓣组成的相轮及火焰宝珠的塔刹。塔刹两侧另有线刻的飞天各一。

立面

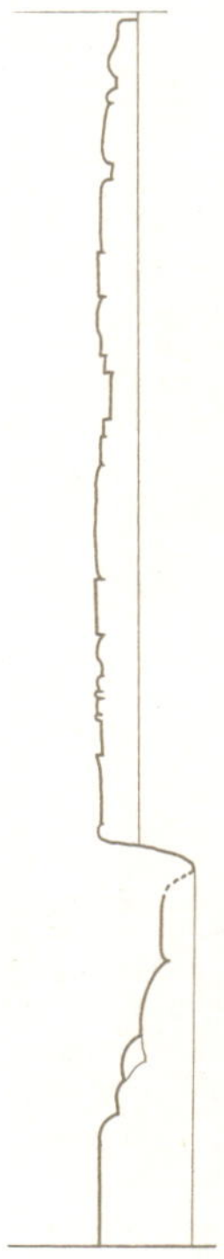

剖面

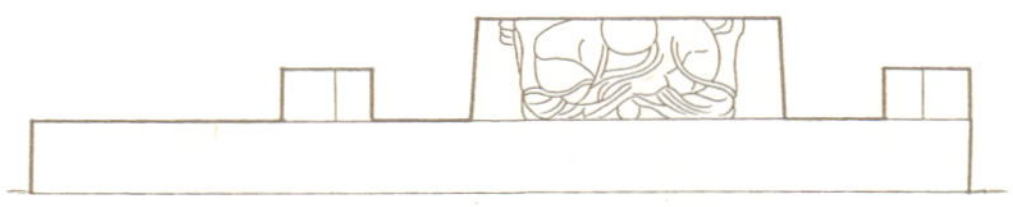

平面

宝山一百零一－一百零二号龛

宝山一百零二号龛拓片

宝山一百零三号龛

宝山一百零三号龛为塔龛。塔通高一百三十五厘米，由基座、塔身、塔顶等部分组成。塔基为须弥座造型，束腰处刻裸衣力士三个，力士呈下蹲奋力托举状。塔基上立塔身，外侧刻有栏板望柱。塔身南壁开拱券门，门内原有坐僧雕像，今不存。门额刻成火焰尖拱形，两侧各为倚柱，柱头有卷杀。塔身上部施波纹状短帷一幅，上饰莲瓣状花纹，立体感甚强。檐部以上为覆钵状顶，钵体和卷叶、绶花表面为火焰纹饰装饰，上为宝珠、平座。平座上由缠枝卷叶组成塔刹收顶。该塔整体造型华丽壮观，雕刻技艺精湛，为灵泉寺石窟摩崖石塔群中的精品。

剖面

立面

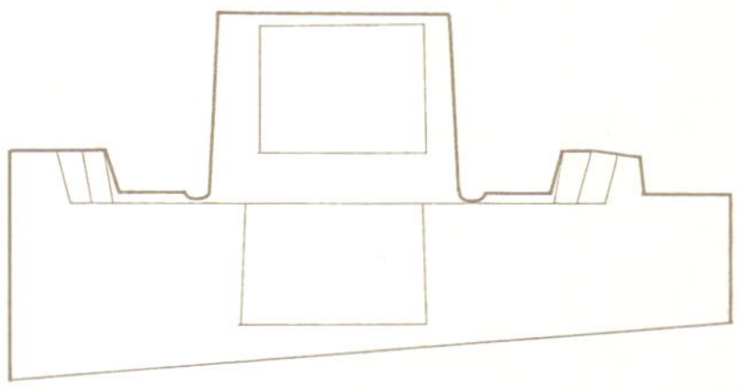
平面

宝山一百零三号龛

宝山一百零三号龛拓片

宝山一百零五号龛

宝山一百零五号龛为塔龛。塔通高一百六十厘米，由塔基、塔身、塔顶等部分组成。塔基低矮，塔身面南开门，呈拱券状，门内原置僧像不存。门额雕为火焰尖拱状，较为宽厚。塔身横枋外饰两层变形莲瓣装饰的帏幔，其上刻舞蹈状立人六个，上身赤裸，下身着裤，跣足，双手上举，紧托塔檐，腰间飘带随风飘舞，形象生动逼真。塔檐以上为覆钵状的塔顶，两侧衬以卷叶状花纹。上置仰莲束腰须弥座。上承托平座、卷叶花纹装饰的小型覆钵，最上以覆莲两层和宝瓶组成刹顶。

立面

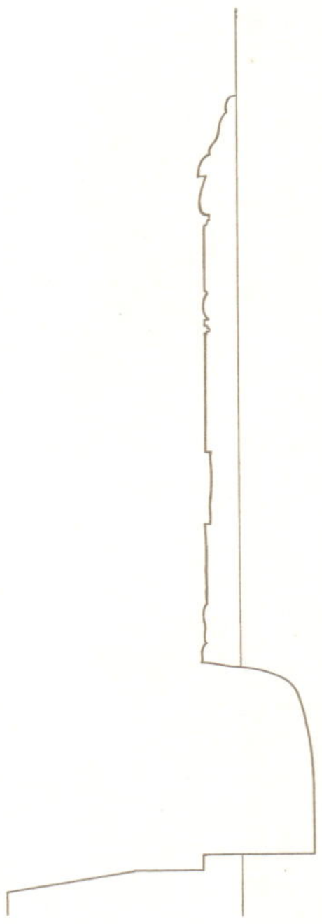
剖面

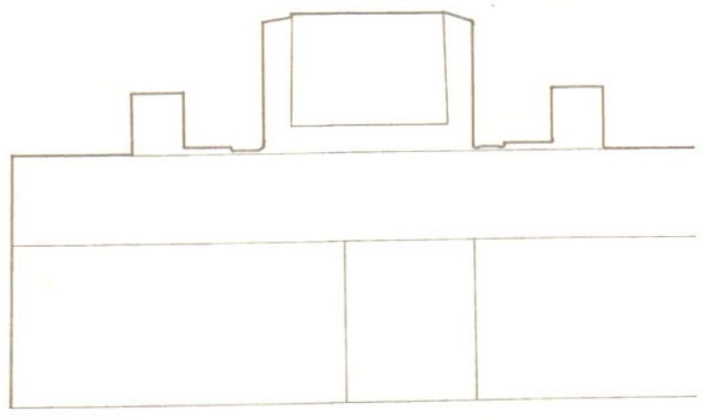
平面

宝山一百零五号龛

宝山一百零五号龛拓片

宝山一百零六号龛

宝山一百零六号龛位于一百零五号塔龛西侧，方向正南，为塔龛。塔通高一百五十六厘米，为一单层方形塔，由塔基、塔身、塔顶等部分组成。塔基相对低矮，塔身高九十厘米，宽五十一厘米。塔身正壁开拱券门，门内原雕刻坐僧不存，门额呈火焰尖拱状，门楣两端呈弯钩状向上反卷。横枋外饰莲瓣组成的短帷，枋上刻承托塔檐的立人六个，形态为舞蹈状，造型生动逼真。塔檐叠涩两层，上层塔檐两端各挂角铃一枚。塔顶为覆钵状，四周伴以卷叶状花纹。上承仰莲基座、卷叶装饰的小覆钵，最高处置覆莲两层和宝珠为刹。塔龛两侧皆镌刻铭文，其中有『大唐愿力寺故赡法师影塔之铭并序。/夫大士游心□归先觉之境高人建德要开后觉之门所以摄倒海而就安波……』文字。

立面

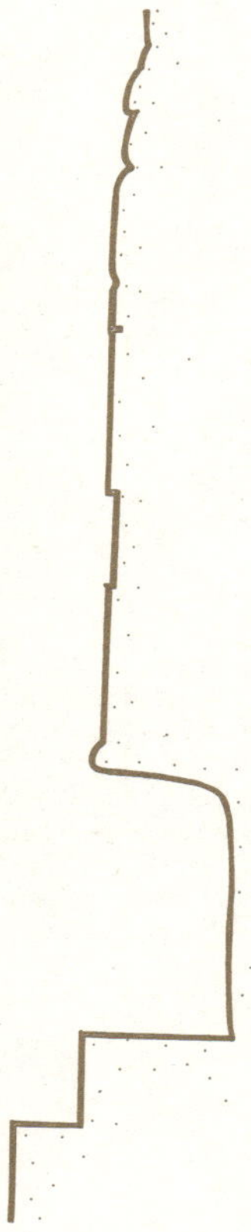

剖面

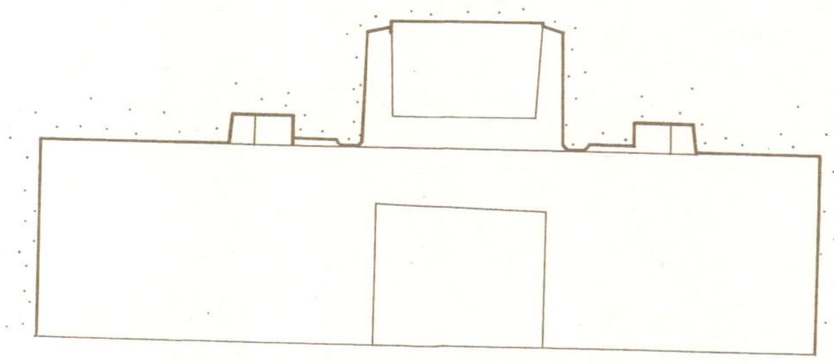

平面

宝山一百零六号龛

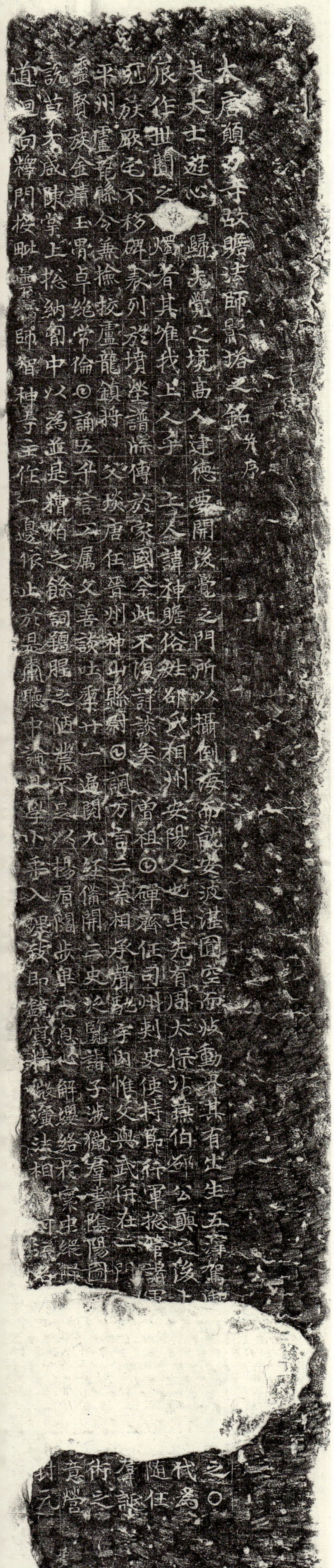

宝山一百零六号龛拓片

宝山一百零八号龛

宝山一百零八号龛为塔龛，龛内刻唐故方律师像塔。塔通高一百七十四厘米，由塔基、塔身、塔顶等部分组成。塔身上部和塔檐中部遭到破坏，大块缺失。塔身门龛内原有僧像现已不存，门两侧倚柱为八棱柱，柱下由两怪兽承托，左侧为白象，右侧为青狮，皆作蹲卧状。倚柱柱头及柱础皆刻成覆莲状，柱腰亦刻仰覆莲装饰。塔檐两端各施垂铃，檐上蹲异兽，因风化较甚，形象不清。塔顶及刹造型别致，塔顶为仰莲状，花瓣饱满，线条刻画细腻。塔刹似阁楼状，上层仰莲平坐承小龛，龛内置小型僧像，最上部为仰莲宝珠。塔刹两侧另有铭文题记。

剖面

立面

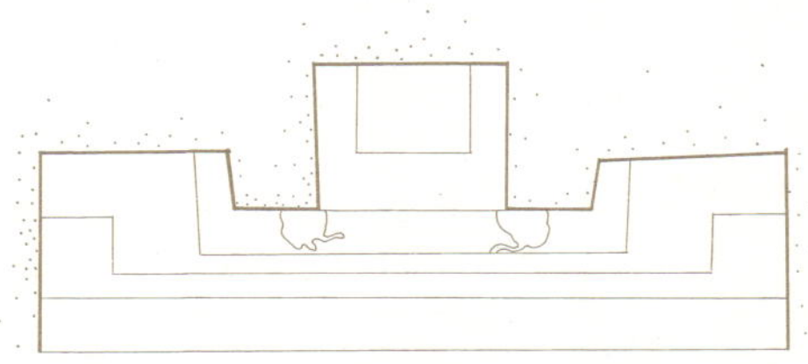

平面

宝山一百零八号龛

宝山一百零八号龛拓片

宝山一百一十号龛

宝山一百一十号龛为塔龛，面向正南。塔通高一百五十六厘米，由塔基、塔身、塔顶等部分组成。塔身高八十四厘米，南壁开拱券门，门额呈宽边火焰尖拱状，门楣形同如意，两端刻成凤鸟反顾状。门两侧立八角形倚柱，柱头、柱础、柱腰皆刻成覆莲装饰。塔心室内原有造像，现已不存，门额以上刻画帷幔三层，分别刻出花瓣形并内外叠压，立体感甚强。塔身上部中间刻一兽面，两侧以卷草花纹为衬。叠涩出檐两层，上面一层两端各垂角铃一枚。塔顶呈覆钵状，纹饰剥蚀不清，两侧刻卷叶纹。其上为覆莲基座，最上刻小型覆钵和望月、宝瓶为刹。塔刹两侧原镌有铭文，现多已剥蚀不清，其中能辨认者有『……开元十三□□□□廿日于灵泉寺西悬壁山』等铭文。

立面

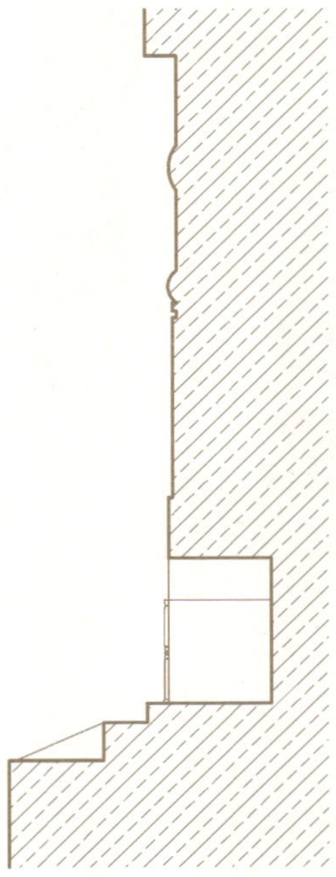

剖面

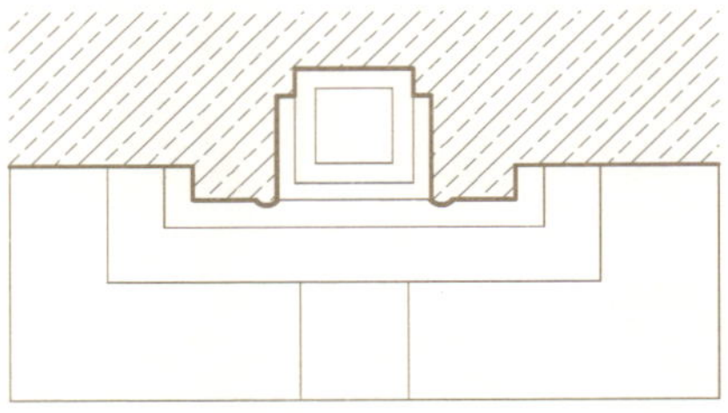

平面

宝山一百一十号龛

宝山一百一十号龛拓片

宝山一百一十一号龛

宝山一百一十一号龛为塔龛，通高一百六十七厘米，由塔基、塔身、塔顶等部分组成。基座两层，前设坡道。塔身南壁开拱券门，门额宽厚呈尖拱状，两侧倚柱呈八角形，柱础为方形，柱头、柱腰皆刻成覆莲装饰。门额以上刻连续卷草花纹两组，线条刻画流畅。塔檐叠涩两层，上层檐两端下悬角铃，两端上刻蹲狮各一，头部皆残。塔顶刻成须弥座状，中间刻小佛龛，内置佛像一尊，现已模糊不清。束腰上为叠涩三层，上承覆钵状顶外饰卷叶状纹，最上以莲座宝珠为刹。整个造型华丽壮观，就该塔的建造风格判断，应为唐代作品。

立面

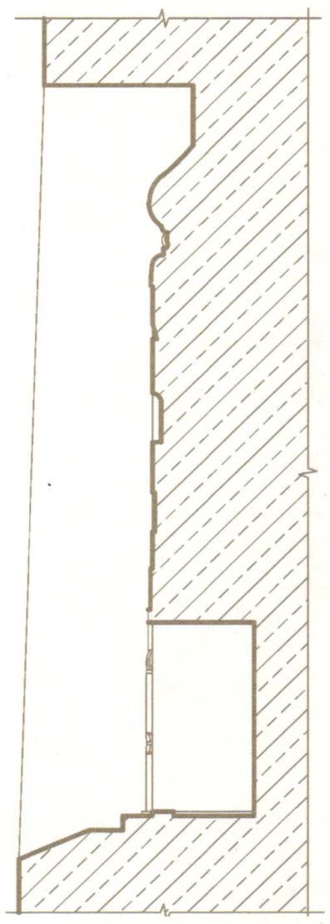
剖面

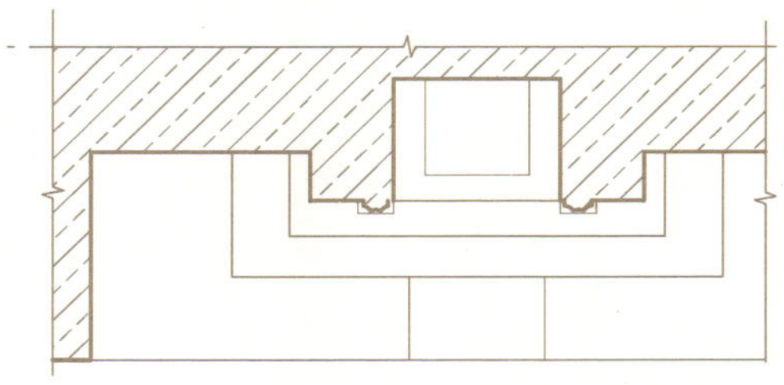
平面

宝山一百一十一号龛

宝山一百一十一号龛拓片

宝山一百一十二号龛

宝山一百一十二号龛为塔龛，位于一百一十一号塔龛西侧。塔通高一百六十九厘米，由塔基、塔身、塔顶等部分组成。塔基呈两层台阶状，塔身正中开拱券门，门楣呈半圆形，两端雕成龙首形，额为火焰尖拱状。塔心室内原有僧人造像，现已不存。门龛两侧各立八角倚柱一根，柱础为方形，柱头、柱腰皆刻覆莲装饰。门额与檐间刻卷草花纹两组。其上反叠涩出檐三层，两端悬角铃。塔顶呈须弥座状，中间刻一圆形龛，内中雕像已不存。塔顶为覆钵状，外罩卷叶状纹饰，上端刻仰莲基座承托宝珠为刹。

立面

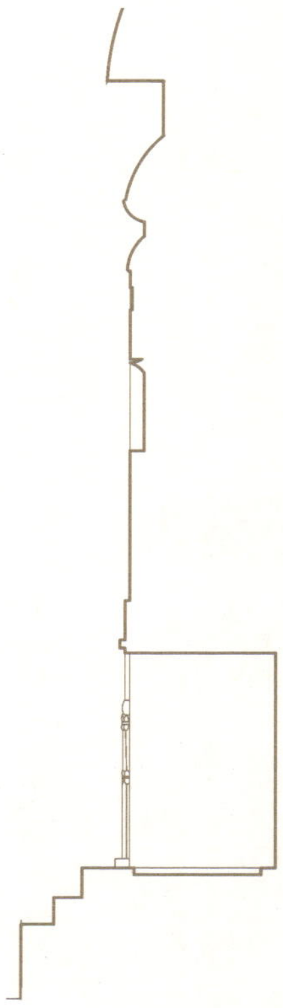

剖面

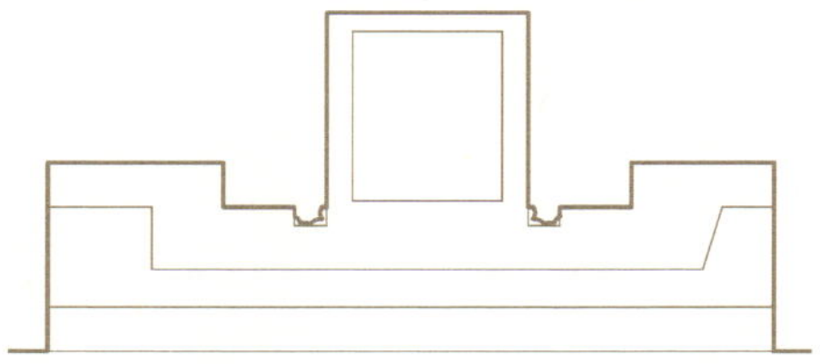

平面

宝山一百一十二号龛

宝山一百一十二号龛拓片

宝山一百一十四号龛

宝山一百一十四号龛为佛龛，方向为东南向。龛呈拱券状，高一百四十三厘米，宽九十二厘米，内置造像一躯，造像站立于半圆形的仰莲台座上，身后圆形头光外饰火焰纹。造像高八十二厘米，头部被损坏，身披袈裟，下着长衣，双跣足，两手分向两侧伸展。造像衣纹舒展，线条流畅，形象生动。龛右壁原立有一小型造像，但损毁部分较多，形象不清。

立面

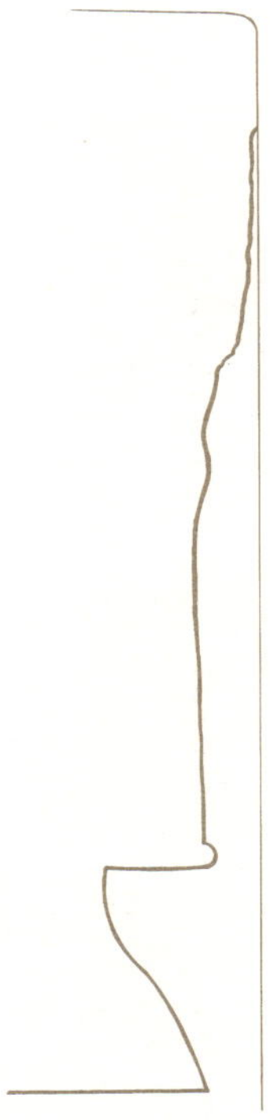

剖面

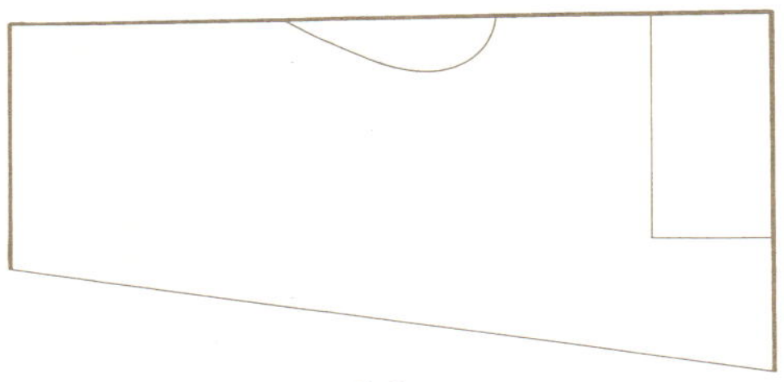

平面

宝山一百一十四号龛

宝山一百一十四号龛拓片

宝山一百二十号龛

宝山一百二十号龛位于宝山东部半山腰，为塔龛。塔通高九十六厘米，为单层灰身塔，无基座，由塔身、塔顶等部分组成。塔身中部开拱券门，额为尖拱状，门两侧刻方形倚柱，龛内刻造像一躯，造像头部已毁，身着窄袖袍衣，腰系带，双足穿靴，下身盘座，两手扶膝，右手执佛珠一串。该造像并非僧像，就衣着判断应属未入寺受戒的居士类。横枋上刻舞蹈状托檐立人五个，最左侧的立人损毁严重。立人头带帽，身穿长袍，腰系带。塔檐为叠涩出檐两层，上层檐两端各悬角铃。塔顶为覆钵状外饰卷叶花纹，上为方形束腰须弥座，承托小平座及卷叶、相轮、宝珠为刹。该塔刻工精湛，保存完整，就整体造型判断，应属唐代作品。

立面

剖面

平面

宝山一百二十号龛

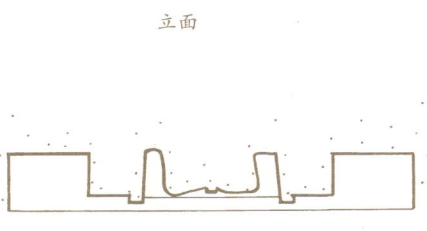

宝山一百二十号龛拓片

宝山新发现龛

该龛为故清信士史君坙灰身塔，位于宝山七十七号龛右侧，坐东面西，过去被泥土掩埋，为二〇二〇年六月新发现。塔龛为尖拱状，塔为单层，由塔身、塔顶等部分组成。塔通高七十五厘米，宽四十七厘米，直接立于龛内。塔身中部开拱券门，内刻坐僧结跏趺坐。塔的门额雕成火焰尖拱状，门两侧各立倚柱一根。塔身之上叠涩出檐两层，塔顶为覆钵状，两侧刻卷叶状花纹装饰，覆钵之上雕基座和两层叠涩檐，上承绶花，中间置相轮三重和宝珠为刹。龛右侧石壁阴刻『故清信士史君坙灰身塔，□□永徽四年二月八日为父敬造』题记，可知该塔龛为唐永徽四年（六五三）所凿刻。

立面

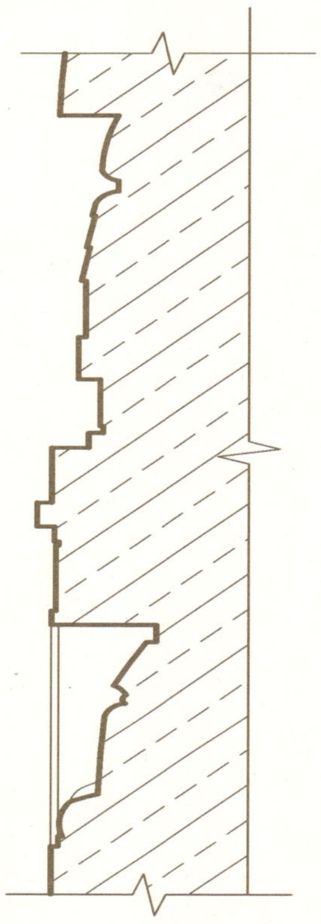

剖面

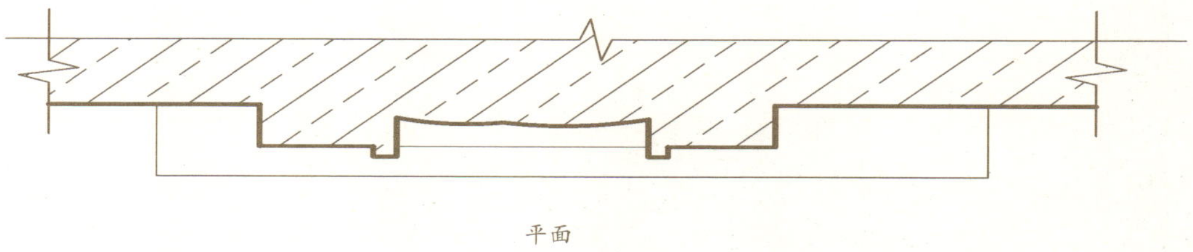

平面

宝山新发现龛

履峰山鳥瞰

岚峰山

岚峰山石龛群（局部）

46
45
47
42

岚峰山石龛群（局部）

岚峰山三十一号龛

岚峰山三十一号龛位于灵泉寺东岚峰山上，面向西，为屋龛。龛内刻面阔一间的四阿顶建筑，总高六十五厘米。在屋身正中凿一门，高二十八厘米，宽二十三厘米。门内雕一坐僧，僧结跏趺坐于平地上，头部已残，身穿圆领长衣，外披袈裟，双手平放于半圆形的单腿凭几上，右手执佛珠一串，双膝露于凭几之外。建筑两檐柱无础，高二十五厘米。柱头铺作上置通长替木，替木上置橑檐枋一根承托屋檐。庑殿顶建筑的正脊长四十厘米、高三厘米，两端各置一鸱尾。屋面坡度平缓，整体造型古朴庄严。屋龛左侧石壁刻有『圣道寺故大比丘尼／慧澄法师灰身塔，大唐／显庆二年七月八日／弟子德藏等敬造』题记。岚峰山三十一号屋形龛对研究唐代单体殿堂式建筑有一定价值。

立面

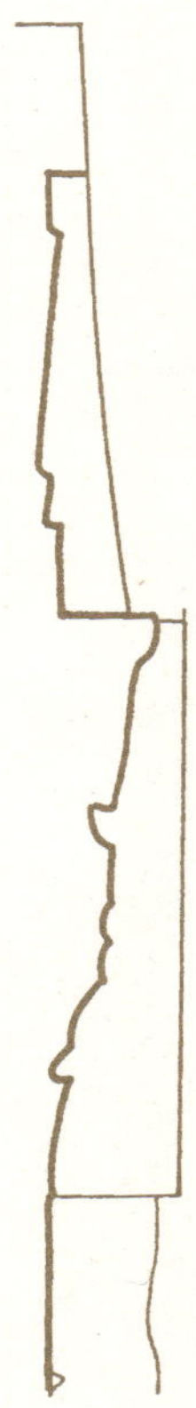
剖面

平面

岚峰山三十一号龛

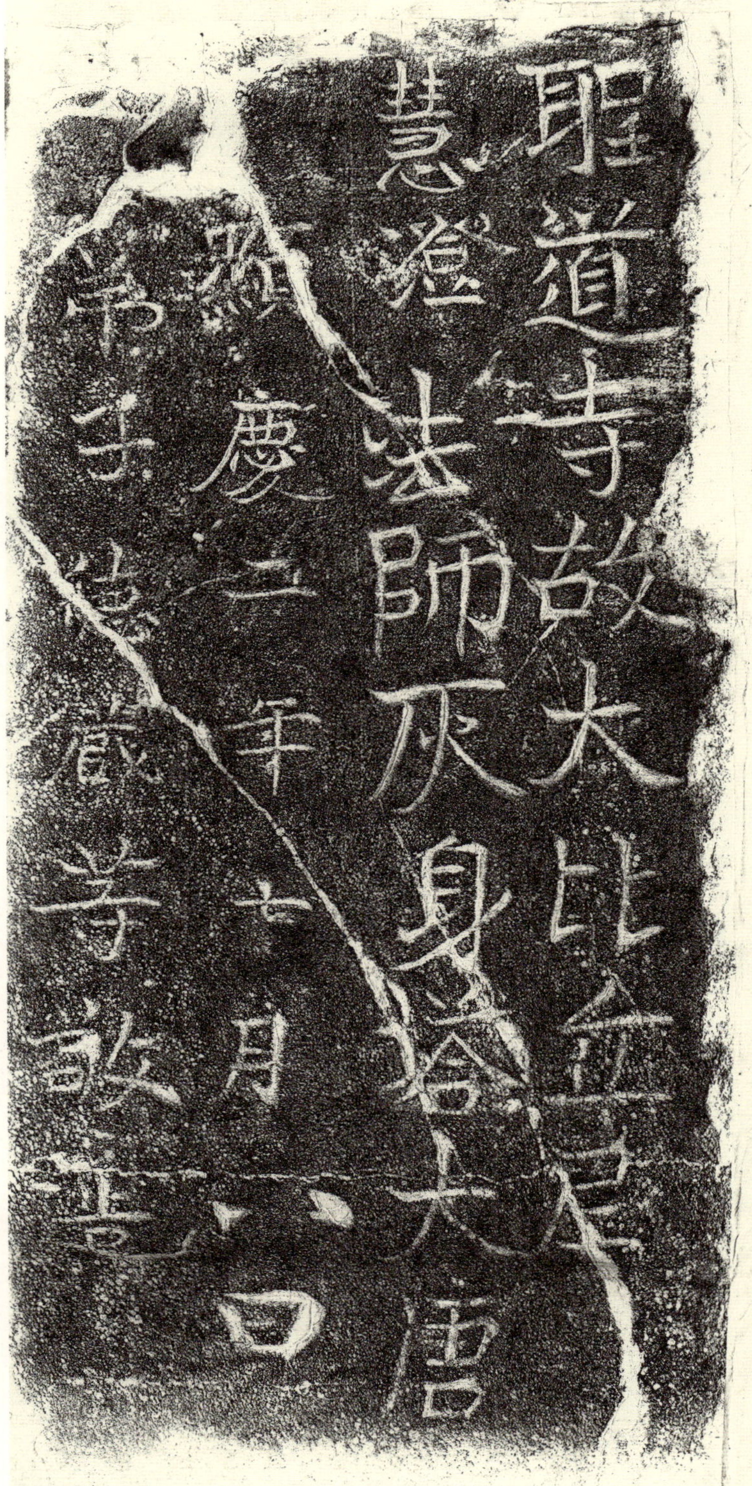

岚峰山三十一号龛拓片

岚峰山三十二号龛

岚峰山三十二龛为屋龛，龛内雕刻四阿顶建筑造型石刻。龛总高六十一厘米，龛内建筑造型与三十一号龛基本相同。建筑台基高八厘米，之上为面阔一间的殿堂建筑，正中凿一门，门内雕刻一坐僧，僧结跏趺坐于室内平地上，光头，面目已剥蚀不清，身穿圆领袍衣，外披袈裟，双臂下垂，两手搭放在一单腿的小型凭几上。建筑两檐柱无础，柱头铺作上各置替木一节，替木上置橑檐枋一根承托屋檐。四阿顶建筑坡度平缓，瓦垄刻画清晰，正脊中间置高六十五厘米的宝瓶，两端雕出大型鸱尾各一。建筑整体朴实庄重。

立面

剖面

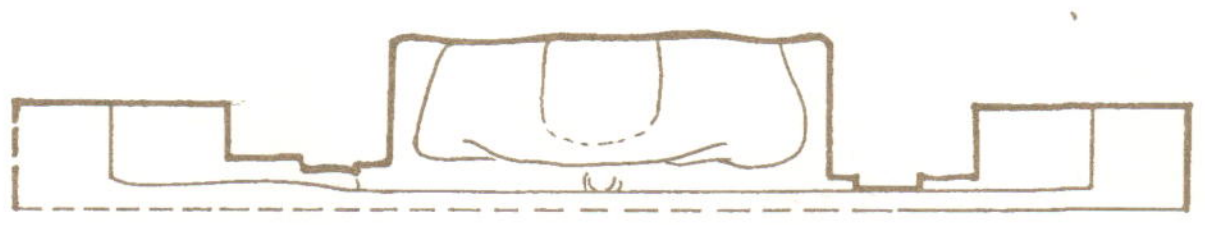
平面

岚峰山三十二号龛

岚峰山三十二号龛拓片

岚峰山三十五号龛

岚峰山三十五号龛为塔龛，中立单层摩崖石塔为明行法师灰身塔。塔通高一百五十六厘米，由塔基、塔身、塔顶等部分组成。塔身正中凿一拱券门，门内雕一坐僧，僧身穿圆领长衣，外披袈裟，头部完好，面带笑容，双手放于半圆形的单腿凭几上，结跏趺坐于地，盘坐的两膝露于几外，衣褶明显。门额呈尖拱状，门楣两端皆向上呈卷叶状卷起。门两侧各雕刻一倚柱，高二十厘米。短帷装饰的中槛上雕舞蹈姿态的力士五个，中间一人双手分左右向上托塔檐，左右两边各两人皆双手向上侧托塔檐。五人头皆戴帽，身穿紧身服，身体粗壮有力，雕刻精细，形象逼真。塔檐两层上饰圆球状纹饰，两端各雕一垂铃。覆钵状塔顶周饰山花蕉叶纹饰。上置束腰须弥座，座上覆置一造型与下层相同的小型覆钵状顶，顶上置相轮三层和宝珠构成的塔刹。塔龛旁侧有铭文题记，文曰『圣道寺故大比丘尼明/行法师灰身塔』及『大唐永徽五年七月八日/弟子等敬造』。

立面

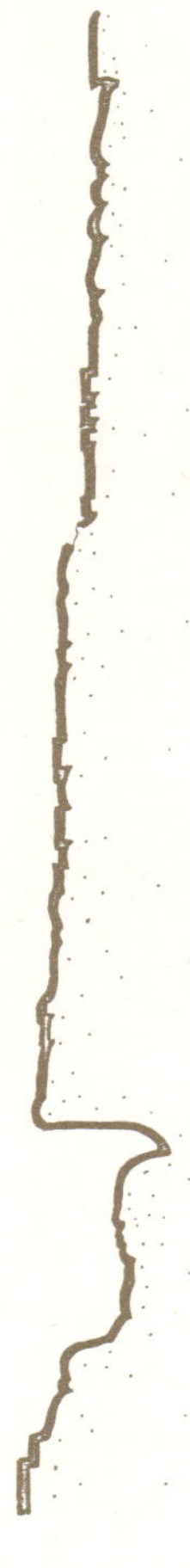
剖面

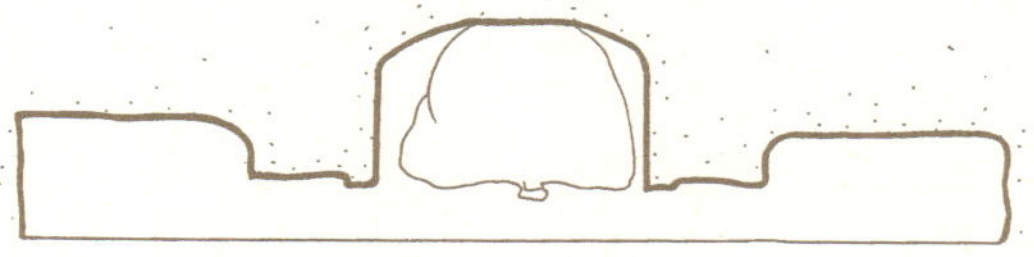
平面

岚峰山三十五号龛

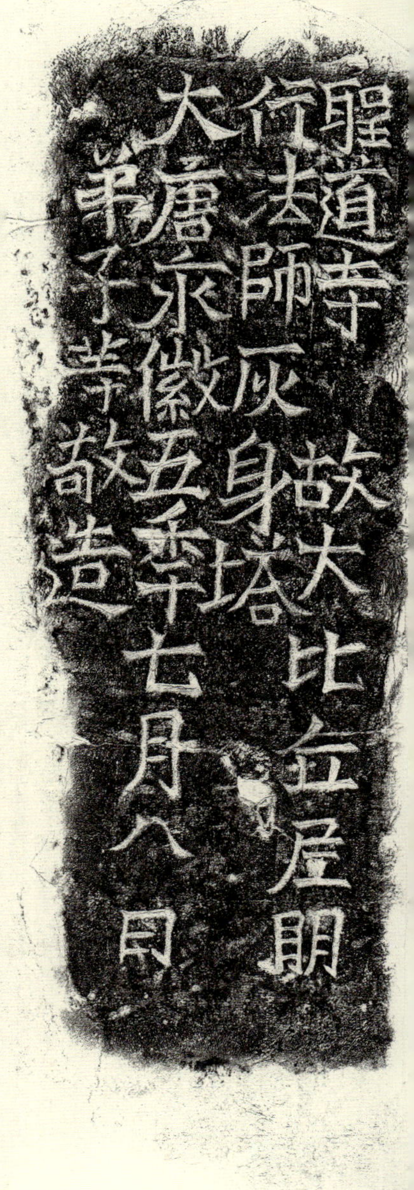

岚峰山三十五号龛拓片

岚峰山三十六号龛

岚峰山三十六号龛为塔龛。龛内塔由塔基、塔身、塔顶等部分组成。塔身正中凿一拱券门，内雕一坐僧，僧身穿圆领长衣，外披袈裟，头部已毁，双手放于半圆形的单腿凭几上，结跏趺坐于地。门额呈尖拱状，门楣两端皆向上呈卷叶状卷起。门两侧各雕刻一倚柱。中槛上雕力士五个，中间一人双手分左右向上托塔檐；左右两边各两人，皆双手向上侧托塔檐。五人赤膊，下着束口长裤，粗壮有力，雕刻精细，形象逼真。塔檐两层上饰圆球状纹饰，上层檐两端各雕一垂铃。覆钵状塔顶周饰山花蕉叶纹饰。上置束腰须弥座和双层小平座，上覆置一造型与下层相同的小型覆钵状顶，顶上置相轮三层和宝珠构成的塔刹。塔龛左侧有铭文题记『光天寺乞食众故大比丘尼海德禅师灰／身塔，大唐永徽五年五／月八日弟子徒众及眷属／等敬造』。

立面

剖面

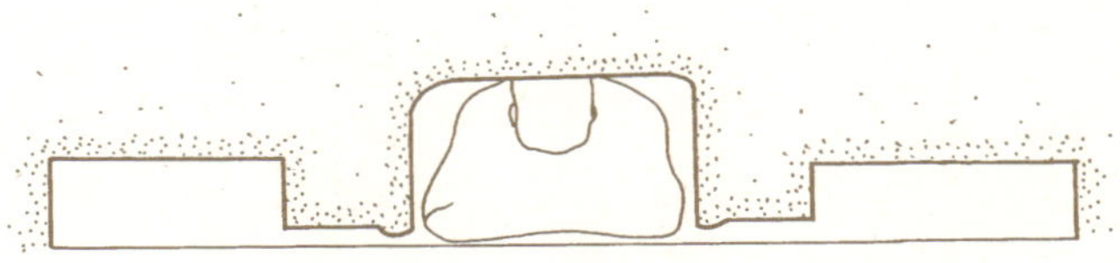
平面

岚峰山三十六号龛

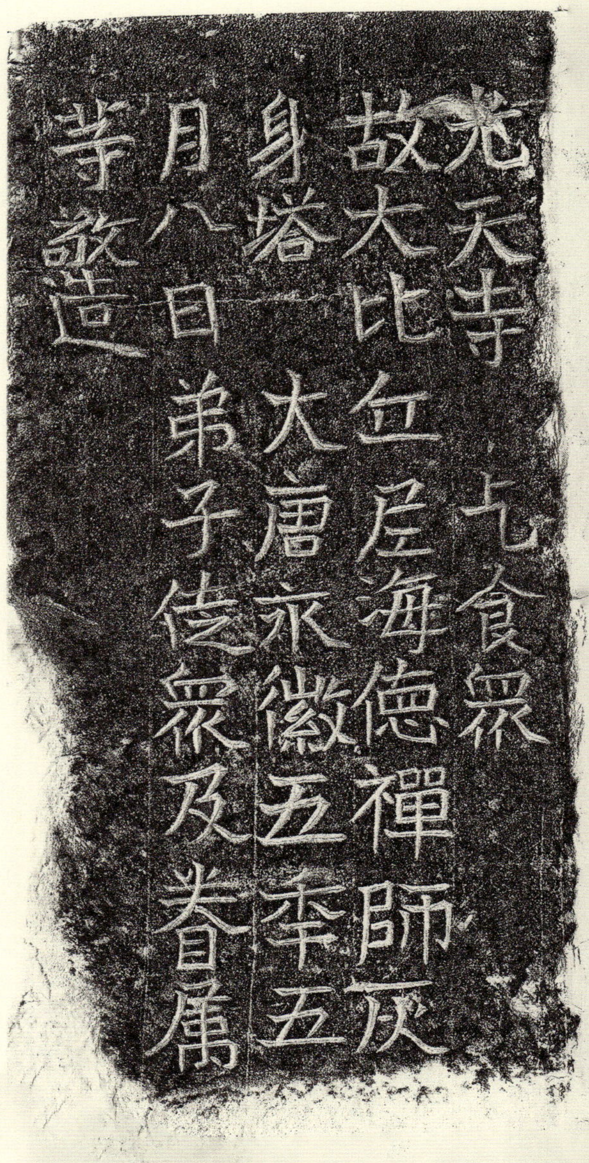

岚峰山三十六号龛拓片

岚峰山三十七号龛

岚峰山三十七号龛为塔形龛。龛内塔由塔身、塔顶等部分组成。塔身中间凿一拱券门，门内雕一结跏趺坐僧像。像面部已毁，身着僧衣，两臂下垂，双手放于身前半圆形单腿凭几上，盘坐的两膝露于凭几之外。门额呈尖拱状，门楣两端向上卷起，两侧各刻倚柱一根。门额之上横枋上刻作舞蹈姿势的托檐力士五人，均戴帽，中间一人挺身直立，双手分左右向上托檐；左右各两人，身均侧向内，双手向上托檐。塔檐叠涩两层，面饰圆球状纹饰，上层檐两端各雕一垂铃。山花蕉叶纹饰的覆钵状顶上置一须弥座，座上置造型与下层相同的小型覆钵状顶，最上置相轮三层和宝珠为刹。塔龛左侧有铭文题记『光天寺故大比丘尼／大智禅师灰身塔，／大唐永徽二年十月八日弟子／妙回及眷属等造』。

立面

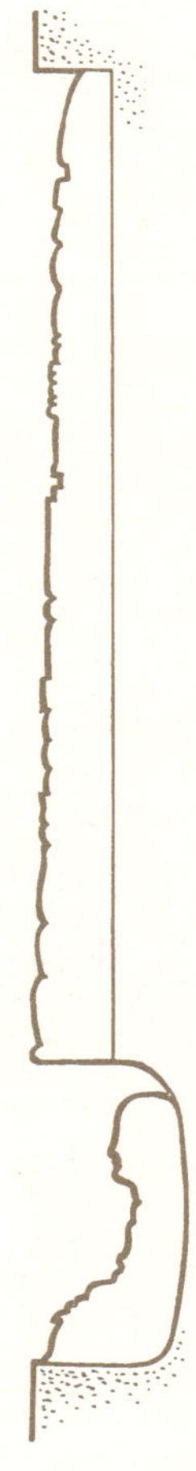

剖面

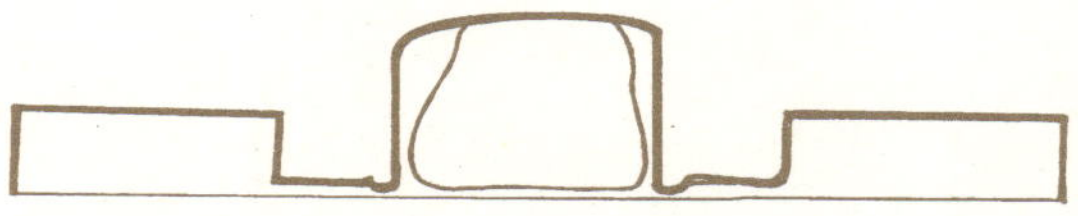

平面

岚峰山三十七号龛

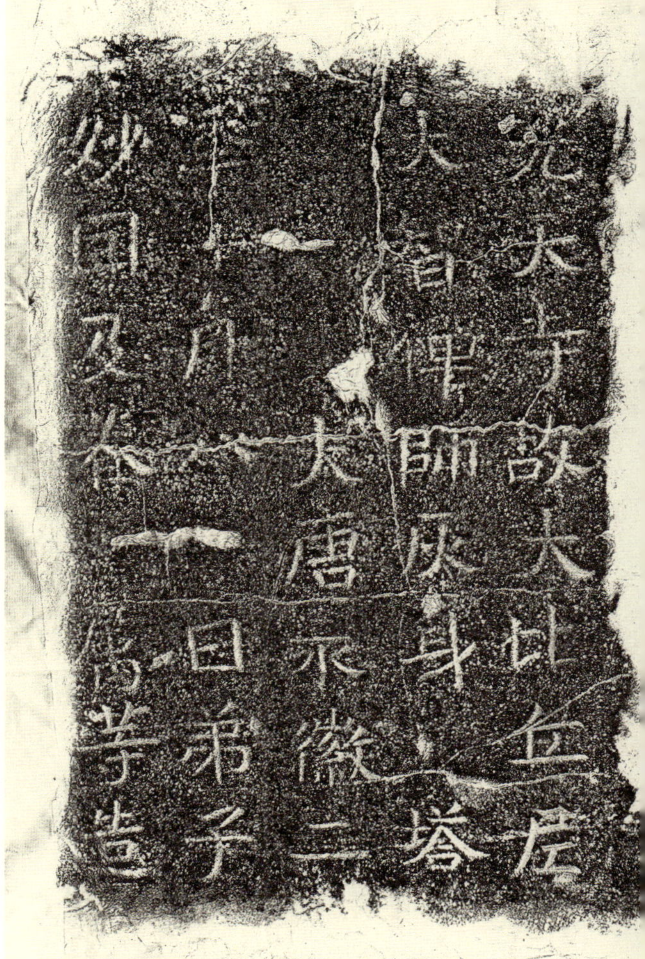

岚峰山三十七号龛拓片

岚峰山三十八号龛

岚峰山三十八号龛为塔龛，位于灵泉寺东的岚峰山之巅，面向西，龛中立圆藏寺主灰身塔。塔总高一百二十八厘米，由塔身、塔顶等部分组成。塔身高七十厘米，宽四十九厘米，中间凿拱券形门，门内雕一坐僧，僧高三十一厘米，结跏趺坐，面部已剥蚀不清，身披袈裟，两臂下垂，手放于半圆形的单腿凭几上，右手腕挂一串佛珠，盘坐的两膝露于凭几外。门额呈尖拱状，门楣两端皆往上卷。门侧各刻一倚柱，高二十八厘米，倚柱两端刻莲瓣装饰，柱腰刻束腰仰覆莲瓣纹饰。门额上刻出一组莲瓣装饰图案的短帷，上立舞蹈姿势的托檐力士六个，中间两个面皆向内侧，双手并拢往上托檐。六人皆戴帽，袒胸露肌，雕刻精美。塔檐两层，上为圆球状纹饰，两端各雕一垂铃。覆钵状塔顶周饰山花蕉叶纹饰，上为束腰须弥座，上覆置一造型与下层相同的小型覆钵状顶。顶上以相轮四层和宝珠为刹。塔下刻有『圣道寺故大比／丘尼圆藏寺主／灰身塔，／大唐贞观廿二／年四月八日弟／子远行等敬造』铭文题记。

立面

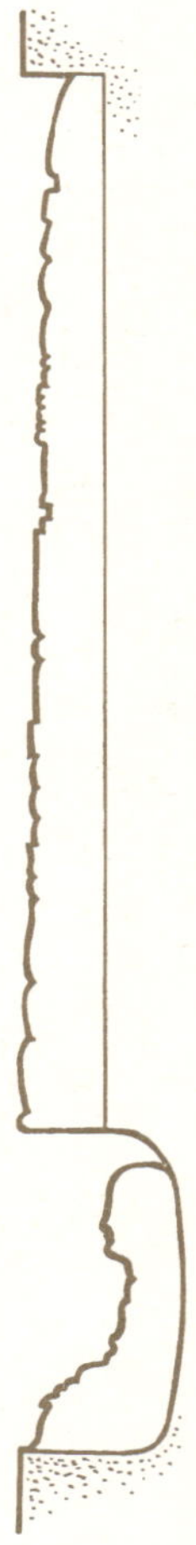
剖面

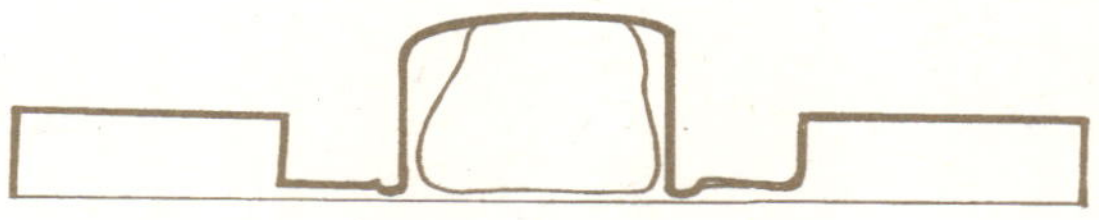
平面

岚峰山三十八号龛

岚峰山三十八号龛拓片

聖道寺故大比
丘尼圓藏寺主
灰身塔
大唐貞觀廿三
年四月八日弟
子遠行等敬造

岚峰山三十九号龛

岚峰山三十九号龛，面向西，为塔形龛。龛内塔总高九十五厘米，由塔身、塔顶等部分组成。塔身高四十七厘米，宽三十八厘米，中间凿一拱券门，门内雕一结跏趺坐僧像。像身披袈裟，两臂下垂，双手放于身前半圆形单腿凭几上，盘坐的两膝露于凭几之外。门额呈尖拱状，门楣两端向上卷起，呈卷叶状，两侧各刻倚柱一根。门额之上刻一组莲瓣纹饰的短帷，上刻作舞蹈姿势的托檐力士四个，中间两人挺身直立，双手分左右向上托檐；左右两人身均侧向内，双手向上托檐。塔檐叠涩两层，面饰圆球状纹饰，上层檐两端各雕一垂铃。山花蕉叶纹饰的覆钵状顶上置一须弥座，座上置造型与下层相同的小型覆钵状顶，最上以相轮四层和宝珠为刹。塔龛下刻有『圣道寺故大／比丘尼智海／法师灰身塔，大唐／贞观廿二年七月／八日弟子等敬造』铭文题记。

立面

剖面

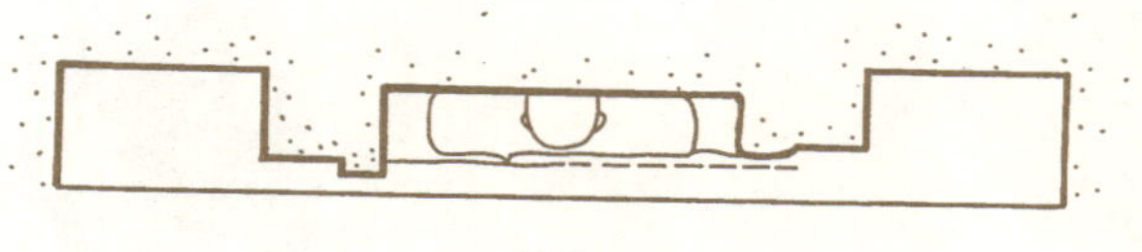
平面

岚峰山三十九号龛

岚峰山三十九号龛拓片

聖道寺故大比丘尼智海法師灰
身塔
大唐貞觀廿三年七月八日弟子
聖道寺故大
比丘尼智海
法師灰身塔大唐
貞觀廿三年七月
八日弟子菩敬造

岚峰山四十号龛

岚峰山四十号龛为塔龛，内雕刻善行法师灰身塔。塔高一百厘米，由塔基、塔身、塔顶等部分组成。塔身高四十六厘米，宽三十九厘米。塔身的中下部凿一拱券门，门高二十八厘米，宽二十一厘米。门额呈尖拱状，门楣两端呈弯钩状上卷，形若卷叶。门两侧各刻倚柱一根，柱头带有莲瓣装饰，下端置方形柱础。门内雕一坐僧，僧结跏趺坐，头部已毁，身着圆领僧衣，外披袈裟，两臂向下，双手放于身前的半圆形单腿凭几上，盘坐的两膝露于凭几之外。横枋上雕五个作舞蹈姿势的承檐立人，立人头戴冠，正中一人双臂合拢，向上承托塔檐，其左右各两个舞人双手叉开，从左右上举托檐。五人上身赤裸，下身着裙，衣褶纹路清晰。塔檐叠涩两层，面饰圆球状纹饰，上层檐两端各雕一垂铃。覆钵状塔顶周围以卷叶状花纹装饰。上置一束腰莲花须弥座，座上又置一雕刻内容与下层相同的小型覆钵状顶一层，上以相轮四层和宝珠为刹。塔铭记载『圣道寺故大比丘／尼善行法师灰身／塔记，／大唐贞观廿二年／正月八日弟子造。』

立面

剖面

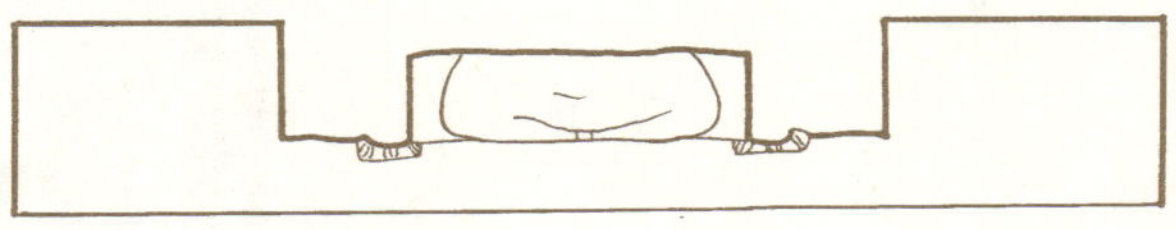
平面

岚峰山四十号龛

岚峰山四十号龛拓片

聖道寺故大比丘
尼善行法師灰身
塔記
大唐貞觀廿二年
正月八日弟子造

岚峰山四十一号龛

岚峰山四十一号龛为屋龛，龛内雕一座庑殿顶建筑。屋龛总高四十五厘米，庑殿顶建筑面阔一间，基座呈长方形，两柱间凿一长方形龛，龛内雕一仕女像，像头部已毁，两手按扶在身前小桌上。仕女上身着长袖衣衫，下着裙，花纹稠密，下肢跽坐在长方形的低矮小桌后，桌下露出双膝盖，衣裙褶纹清晰，裙带纽扣形象逼真。庑殿顶建筑柱头大斗承托替木，上置橑檐枋一层。屋面前坡刻出瓦垄四十道，正脊两端刻鸱尾。屋龛左侧刻有题记，文曰：『故清信女佛弟子／范优婆夷灰身塔，／大唐贞观廿二年／四月八日有出家／女为慈母敬造。』此屋形龛对研究唐代殿堂建筑及当时妇女的衣饰均有重要价值。

立面

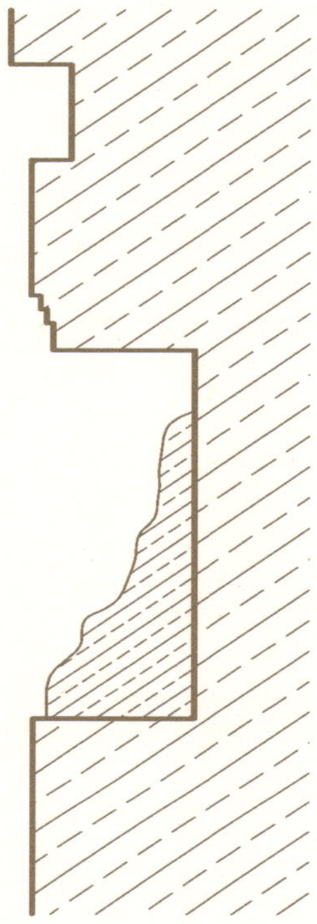

剖面

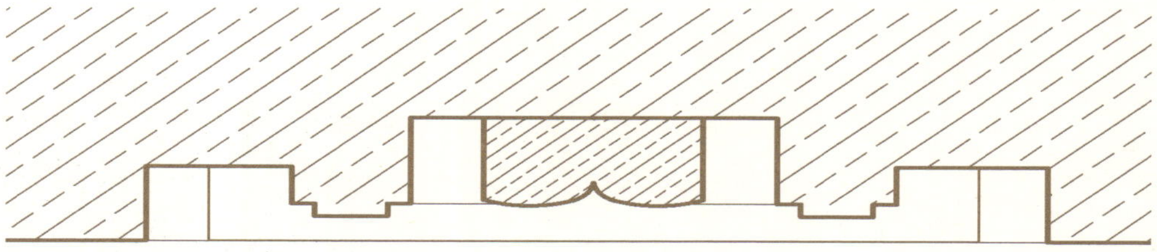

平面

岚峰山四十一号龛

岚峰山四十一号龛拓片

故清信女佛弟子
范優婆夷灰身塔
大唐貞觀廿二年
四月八日有出家
女為慈母敬造

岚峰山四十二号龛

岚峰山四十二号龛为塔龛，面西向，龛内为大比丘尼静感禅师灰身塔。塔总高一百八十三厘米，由塔基、塔身、塔顶等部分组成。塔基低矮，其上为塔身，塔身高七十九厘米，宽五十五厘米，正中凿一拱券门，门高四十五厘米，宽三十五厘米。门内雕一坐僧，僧身穿圆领长衣，外披袈裟，结跏趺坐于平地上。僧头部被毁坏，右手挂佛珠一串，两手平扶于半圆形单腿凭几上，盘坐的两膝露于凭几之外，衣褶稠密褶纹明显，线条流畅。门额呈火焰尖拱状。门楣的正中刻一精致的束腰花束，两端分别刻成凤鸟回首状。门两侧各有倚柱，柱头及柱础皆刻成覆莲状，中间刻束腰仰覆莲纹。塔身上部的横枋下饰莲瓣装饰的短帷，横枋上雕有作舞蹈姿态的托檐立人六个，均双手托檐，因剥蚀细部纹饰及眉目已不清，其中左边第二个残破尤甚。塔檐叠涩两层，面饰圆球状纹饰，上层檐两端各雕一垂铃。塔顶呈覆钵状，两端刻卷叶状纹饰。再上层为束腰形基座，上置一造型和下层相同的小型覆钵状顶，左边一小部分已残缺。塔顶覆钵状相轮四层，自下而上逐层缩小，相轮上刻覆莲状花瓣，再上置宝珠。现存塔铭题记『圣道寺故大比丘尼静感禅师灰身塔』。

立面

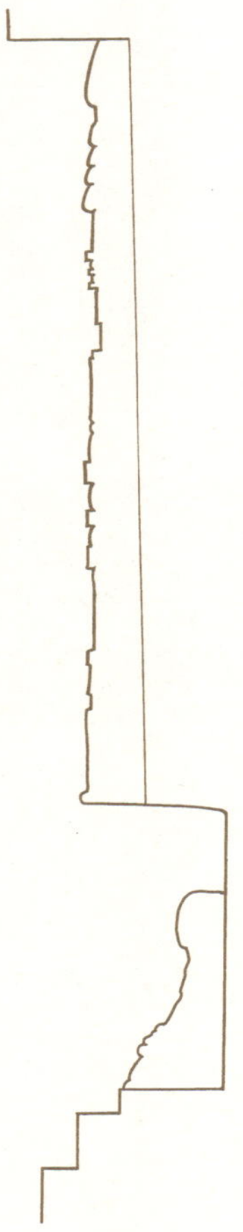

剖面

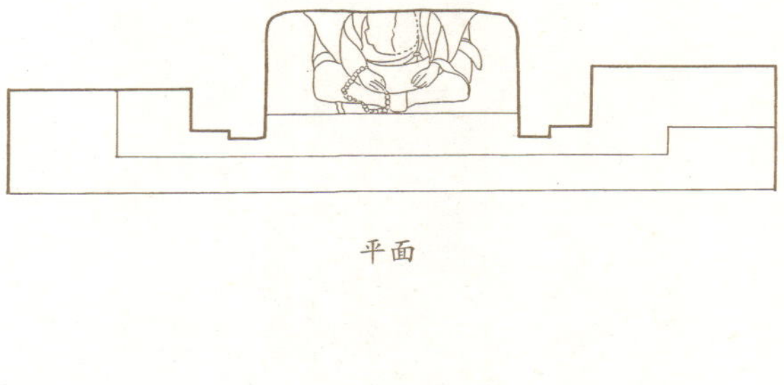

平面

岚峰山四十二号龛

聖道寺故大比丘尼靜感禪師灰身塔

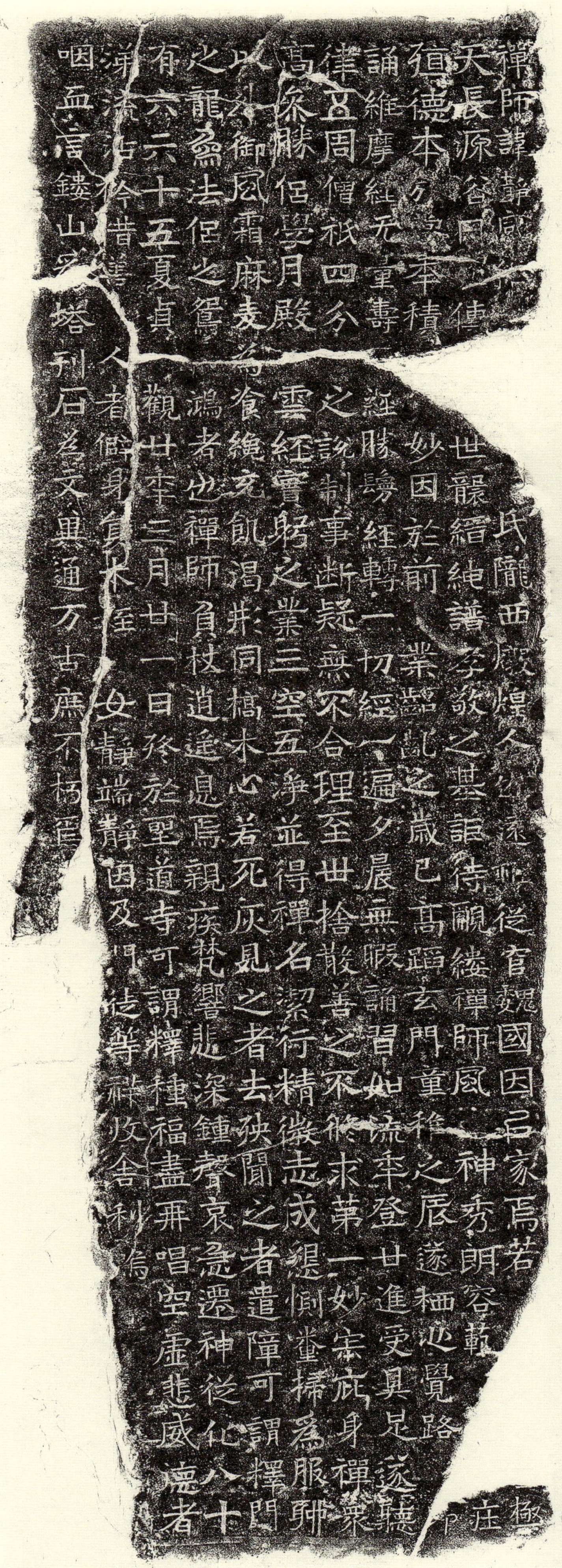

岚峰山四十二号龛拓片

岚峰山四十五号龛

岚峰山四十五号龛为塔龛，龛内雕光天寺普相法师灰身塔。塔总高一百二十六厘米，宽六十二厘米，由塔基、塔身、塔顶等部分组成。塔基一层，塔身高五十三厘米，宽四十三厘米，中间凿拱券门，门内雕一坐僧，结跏趺坐于方台上。僧身穿圆领宽袖长衣，外披袈裟，头部已残，两臂下垂，两手放在身前的半圆形凭几上，两膝露在凭几之外。门额呈火焰尖拱状，门楣两端刻成凤鸟回首状。门两侧各刻倚柱一根，柱的两端皆为覆莲装饰。塔檐为叠涩五层，上置束腰须弥座。覆钵状顶中间为宝相花和卷叶，两侧为山花蕉叶装饰。顶上置以覆莲装饰的相轮五层和宝珠等构成的塔刹。塔檐下镌刻有『光天寺故大比丘尼普／相法师灰身塔，／……』塔铭。塔左侧石壁上另有题记。

立面

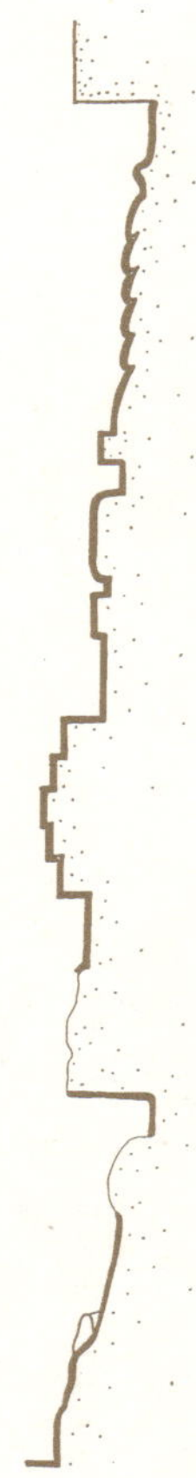

剖面

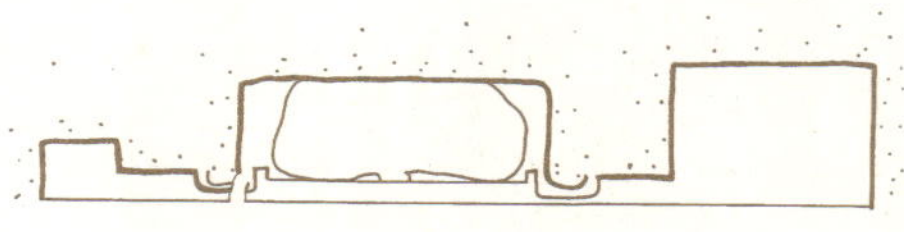

平面

蓝峰山四十五号龛

光天寺故大比丘尼普
相法師灰身塔

法師俗姓崔博陵人也祖父苗䕫本出定州因任[illegible]官遂
留柏鄉年十有二落髮玄門一入僧徒志操安靜處於[illegible]
侶卓尔不羣年漸進成學律聽經精懃日久律文通利
講宣十地維摩兩部妙典法師意欲啓般若之門開無
為之路運乘大舟航愛河遂使道俗慕欽衆德歸
仰但以[illegible]樂不感生亦不生無為心示有為法春秋七
十有八大唐貞觀十七年[illegible]月四日遷神於光天寺所弟
子等哀慧日之潛暉痛慈燈之永滅乃依經上葬收其舍利
粤以貞觀十八年歲次甲辰十一月十五日於此名山鎸高
崖而起塔寫神儀於龕內録行德於廣側覬劫盡山灰於名
文嗣乃為銘曰　悲彼遙津萬古紛綸會燃智炬乃滅煩薪
捨恩棄俗入道求真持律通經開悟無聞於生常寂竹挺恒
清如何法匠忽尔將傾近雕素石遠署嘉聲千秋萬古留此
芳名　弟子普閏善昂愛道及諸同學等為三師敬造

嵐峰山四十五号龕拓片

岚峰山四十七号龛

岚峰山四十七号龛，坐东向西，塔龛造型较为特殊。龛内塔身较大，通高二百二十二厘米，由塔基、塔身、塔顶等部分组成。塔身中间开桃状塔门，门前有栏板围护。塔檐一层，上为覆钵状顶，两侧伴以卷叶花纹，外观呈元宝状，其上为相轮六层，自下而上逐层缩小，最高处置长柄刹杆，刹杆中部置圆形宝珠一颗，构成塔刹。塔门内中间刻坐僧一尊，两侧立弟子各一。僧头部已毁，身着圆领僧衣，外套宽袖袍衣，结跏趺坐于长方形的盒状台上，双手扶于半圆形的三腿凭几上。塔身两边镌刻有文字，右侧为『光天寺故大比丘尼僧顺禅师散身塔』，左侧为『大唐贞观十四年五月廿三日敬造』。塔龛左侧另刻有铭文题记。

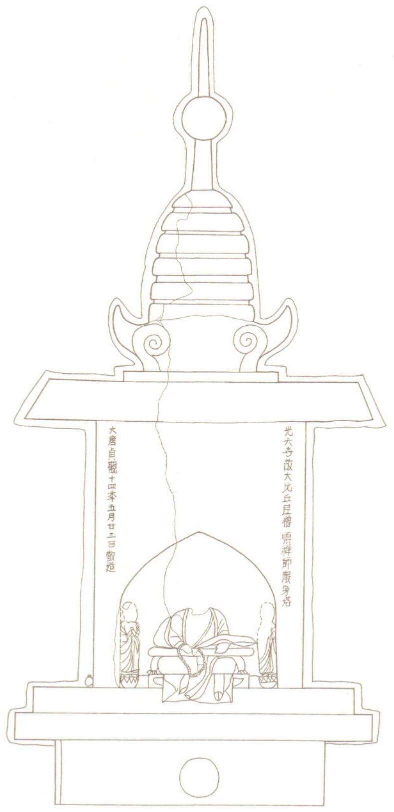

立面

剖面

平面

岚峰山四十七号龛

岚峰山四十七号龛拓片

岚峰山四十八号龛

岚峰山四十八号龛为塔龛，面向西。龛内塔为故清信女大申优婆夷灰身塔，由塔基、塔身、塔顶等部分组成。塔身中开拱券门，门额呈火焰尖拱状，两侧立方形倚柱各一根，下置覆盆状柱础。塔心室内刻女性踞坐造像一躯，头部梳有髻，面部已毁。坐像内着短衫，外披长袖衣，下系裙，裙纹稠密，褶纹明显，两臂向前扶于长方形小凭几上，双膝跪坐于方案之上。塔身上部叠涩出檐五层，再上为覆钵状顶及卷叶状花纹，最上置相轮和宝珠为刹。此塔尚存原来塔铭题记，文曰：『故清信女大申优婆／夷灰身塔记，／大唐贞观十八年五月廿七日终，至十九／年二月八日有三女／为慈母敬造。』单层墓塔一般为埋葬已故僧人之灰身塔和影像塔，而此塔却系三女为其已故信佛的母亲专门建塔，确属少见。

立面

剖面

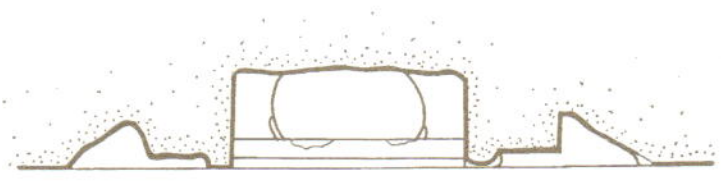

平面

岚峰山四十八号龛

岚峰山四十八号龛拓片

岚峰山六十五号龛

岚峰山六十五号龛位于灵泉寺岚峰山东麓断壁上，为塔龛。龛内为光天寺正信法师灰身塔，塔通高一百二十一厘米，由塔基、塔身、塔顶等部分组成。塔身正中开拱券门，塔门内雕坐僧造像一躯，僧头部已毁，全身剥蚀严重。门额呈火焰尖拱状，门外两侧被毁严重，以北侧尤甚。门额上置素面横枋一层，上雕托塔立人五个，皆袒胸，正中一人身躯直立，头顶檐枋，双臂分左右向上托塔檐，两侧的立人向内作扭动状，且头面上仰，每人双臂均向内托塔檐，造型生动自然。舞蹈立人之上为叠涩出檐两层，均刻圆球形纹饰，上层檐两端雕悬挂角铃。塔檐之上为覆钵状顶，周围伴以卷叶纹，其上置仰莲基座、宝盖及与下层覆钵造型相同的小覆钵顶，周围以卷叶陪衬，最顶端为相轮三层和宝珠构成的塔刹。塔右侧尚留有镌刻楷书的塔铭题记『光天寺故大都维那／正信法师灰身塔，大唐显庆三／年四月八日弟子圆行等敬造』。

立面

剖面

平面

岚峰山六十五号龛

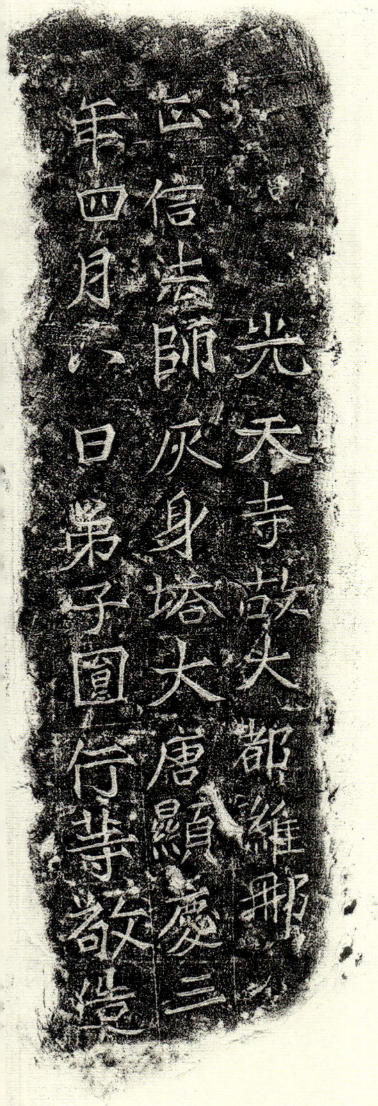

岚峰山六十五号龛拓片

岚峰山六十六号龛

岚峰山六十六号龛为塔形龛，塔通高一百九十一厘米，由塔基、塔身、塔顶等部分构成。塔基低矮，塔身正面中下部凿一拱券门，内雕一僧人造像，僧结跏趺坐，头部残毁，面目无法辨认。就残迹看，其身穿圆领长衣，两臂下垂扶于身前半圆形凭几上。门额呈火焰尖拱状，门楣及倚柱已残缺，塔身上部横枋上立托檐力士五个，其最右边一人损毁。正中一人直立，两侧各力士皆躬腰屈身，双臂奋力托承塔檐。塔檐两层叠涩出檐，檐面均浅雕圆球形装饰，上层檐两端雕角铃各一枚。塔檐之上为覆钵状塔顶，周围雕卷叶衬托。其上为仰莲基座及宝盖，再上一层为雕刻内容与下层塔顶完全相似的小型覆钵与卷叶六朵。最顶端刻相轮三层及宝珠构成的塔刹。塔身左侧镌刻有『光天寺故大比丘尼妙德法／师灰身塔，大唐显庆三年二月／八日弟子妙意宝素等敬造』的塔铭题记。

立面

剖面

平面

岚峰山六十六号龛

岚峰山六十六号龛拓片

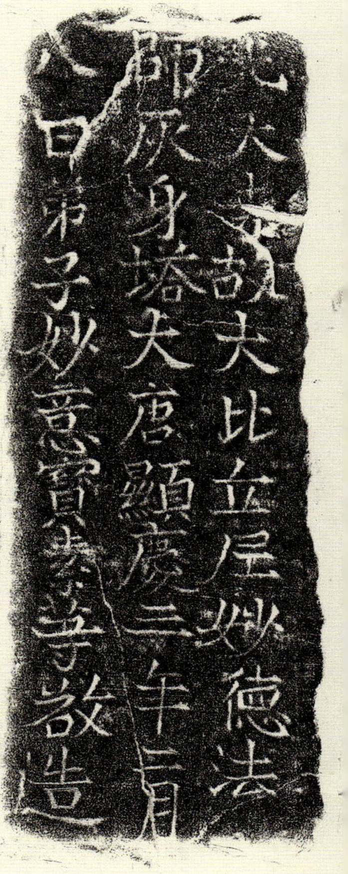
故大比丘尼妙德法
師灰身塔大唐顯慶三年十二月
八日弟子妙意實
等敬造

岚峰山六十七号龛

岚峰山六十七号龛为塔龛，内雕慧云法师灰身塔。塔通高一百三十五厘米，由塔身、塔檐、塔顶等部分组成。塔身中下部开拱券门，门内雕一僧人造像，面目模糊。门额宽厚，呈火焰尖拱状，门楣两端为向上反卷形。塔身上部素面额枋上雕托塔立人五个。正中间一人挺身直立，袒胸露肌，头顶塔檐，其左右两侧各有舞姿力士两人，皆呈仰面侧头状，上身袒胸露肌，分别将双臂向上方伸举，承托塔檐。力士之上为叠涩出檐二层，表面皆浅雕圆球状纹饰。塔檐以上为覆钵状塔顶，周围雕大型卷叶六片，每片中间皆刻小型菩提树一株。覆钵塔顶之上为仰莲状方形基座，上置宝盖，两端施垂铃，其中为与下层覆钵顶雕刻内容相同的小覆钵和卷叶一组。最上端以相轮三层及火焰宝珠为刹。塔右侧镌刻有塔铭题记，能辨认的有『□□大都维那慧云法师灰身塔，／唐□□□年十二月八日弟子等／□□□□□娘娘子莫台敬造』。

立面

剖面

平面

岚峰山六十七号龛

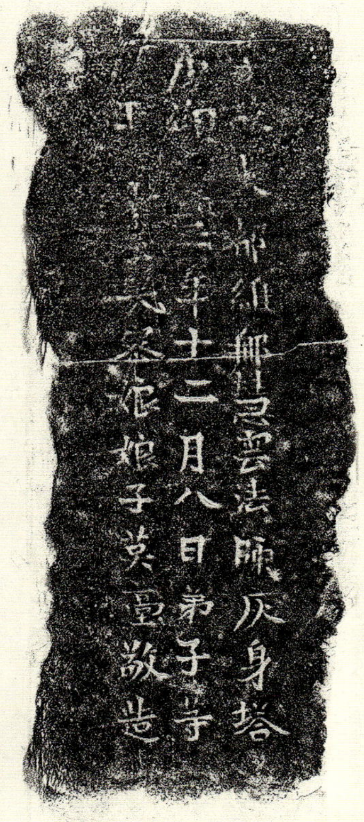

岚峰山六十七号龛拓片

岚峰山六十八号龛

岚峰山六十八号龛为塔龛，龛内塔造型与六十七号塔大体相同，无塔基，由塔身、塔顶等部分组成。塔心室内原刻有造像，今已不存。关于塔的年代和来历，据现存之塔铭题记载为『圣道寺比丘尼善胜灰身／塔，弟子尚解、法成、善威、静／行、善道等敬造供养，／大唐乾封二年二月十五／日故记』。

立面

剖面

平面

岚峰山六十八号龛

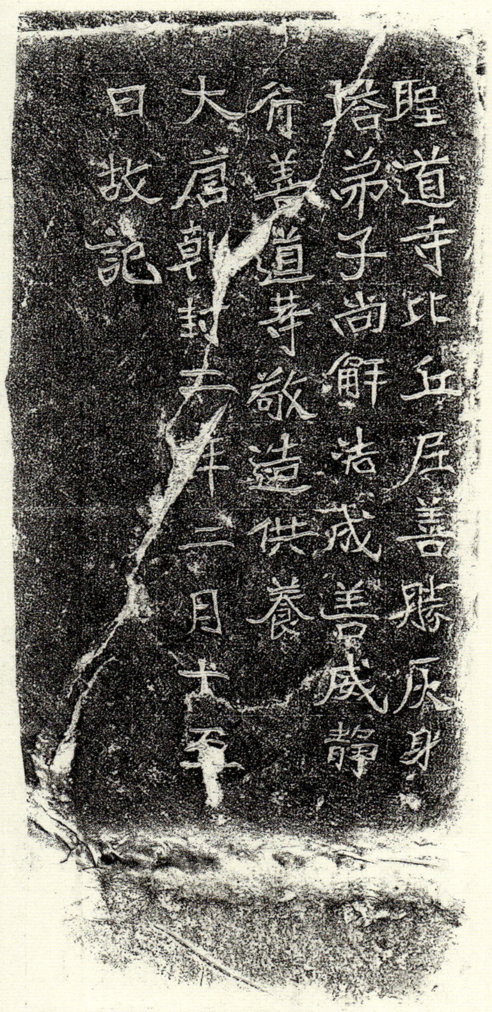
聖道寺比丘尼善勝灰身
塔弟子尚解法成善威靜
行善道等敬造供養
大唐乾封三年二月十五
日故記

岚峰山六十八号龛拓片

岚峰山六十九—七十号龛

岚峰山六十九号和七十号摩崖塔刻于同一龛内，龛内右为六十九号塔，左为七十号塔。六十九号石塔通高一百零三厘米，由塔身、塔檐、塔顶等部分组成。塔身瘦高，外形呈长方竖筒状。塔身南壁开拱券门，门额较宽，呈火焰尖拱形，门楣两端呈弯钩状向内卷，门龛内雕一僧像结跏趺坐于地平上。造像保存完整，面露微笑，身穿圆领长衣，外披袈裟，双臂下垂，两手前伸，扶于单腿半圆形凭几上。塔身上部横枋下饰短帷一幅，表面浅刻莲瓣形组成的图案。横枋上立舞蹈姿态的人物五个，正中一人全身直立，脸面向外，双臂分左右上举，两手承托塔檐；左右两侧各雕舞姿人两个，上身袒胸露肌，下身系裙衣，双臂上举托檐。叠涩出檐二层，表面均饰浅雕圆球形纹。上层檐两端悬挂垂铃各一枚。塔顶由覆钵、卷叶构成，上承方形束腰基座，再上置与下层形象类同的小覆钵及卷叶构成的小塔顶一层，最顶置相轮三层及火焰宝珠为刹。在塔的左侧崖壁镌上刻有『光天寺故大比丘尼智守法师灰身塔，大唐／显庆四年四月十四日弟子等僧庆敬』塔铭题记。

立面

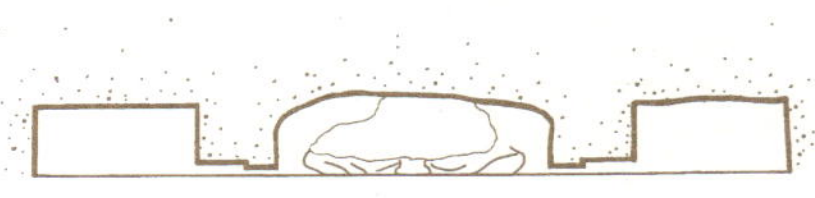
平面

立面

平面

剖面

岚峰山六十九－七十号龛

岚峰山六十九－七十号龛拓片

岚峰山七十一号龛

岚峰山七十一号龛位于六十九－七十号塔龛之侧，为塔龛，龛内为单层浮雕石塔。塔为圣道寺故大比丘尼修行法师灰身塔，通高一百二十厘米，下无基座。塔身的中下部开拱券门，门龛内雕僧像一躯，面部已毁。僧身着圆领宽袖长衣，外披袈裟，结跏趺坐于方形平台上，两臂前伸，双手扶于腹前半圆形单腿凭几上。门外两侧刻蹲卧的狮子一对，身下皆置方形枕石。门额较宽，呈火焰尖拱状。横枋外饰莲瓣花纹装饰的短帷，其上为直立的舞姿托檐力士五个，其正中的和左侧第二个已损坏，形象不明。力士皆上身袒胸露肌，下身着裤，双臂上举承托塔檐。塔檐为叠涩两层，表面饰圆珠形纹饰。上层檐两端雕出悬挂的垂铃各一枚。塔顶为覆钵状，四周雕大型卷叶相陪衬，再上置方形束腰须弥座，上为长条形宝盖，表面饰小圆球装饰，其两端亦雕小垂铃各一枚。再上为小覆钵和卷叶一组。最顶端置相轮四层及火焰宝珠构成的塔刹。该塔现存有塔铭题记：『圣道寺故大比丘尼修／行法师灰身塔，大唐显／庆五年二月八日，弟子／修惠、法力、客尚、法成、胡／子、修辩等敬造。／修证四果。』

立面

剖面

平面

岚峰山七十一号龛

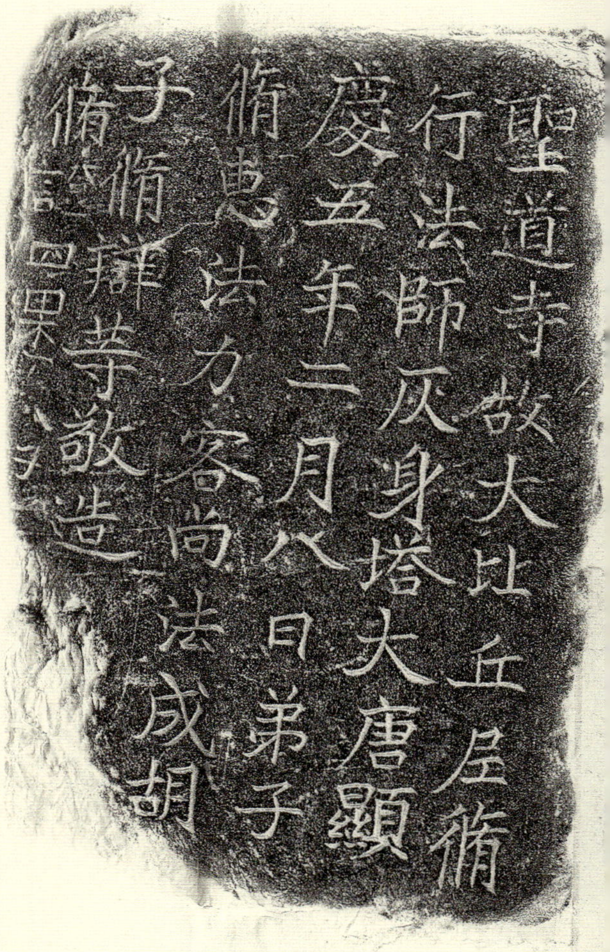

岚峰山七十一号龛拓片

岚峰山七十二号龛

岚峰山七十二号龛为塔龛，位于灵泉寺东的岚峰山半腰断崖上，坐东向西，为圣道寺本行灰身塔。塔高一百二十五厘米，宽五十六厘米，由塔基、塔身、塔顶等部分组成。塔身中下部凿一拱券门，塔门内雕一坐僧造像，像高二十八厘米，结跏趺坐于长方形基台上。头部保存完整，面目清晰，方面大耳，面露微笑，身穿圆领宽袖袍衣，内着僧祇支，衣纹稠密，褶纹质感甚强。两臂向下，双手放于半圆形小凭几上，盘坐的两膝露于凭几之外。门额呈火焰尖拱状，门楣两端向上反卷，形若卷叶。门龛两侧各刻一倚柱，高三十二厘米。横枋外饰莲瓣花纹装饰的短帷，其上雕刻承檐力士三个，皆袒胸露肌跣足，形象强悍有力，正中一人作半蹲状，手臂分左右向上伸举，头顶塔檐。左右各一人作跽坐状，外侧手臂下垂，内侧手臂向上托檐。三力士均臂缠飘带，迎风飘摆，形象动态十足。塔檐两层，外饰圆球形纹饰，上层檐的两端各挂垂铃一枚。塔顶为卷叶装饰的覆钵状顶，上置刻有莲花装饰的束腰须弥座，座上覆置一雕刻内容与下层相同的小型覆钵状顶，最顶端置一宝瓶构成的塔刹。塔身上、塔龛右侧和塔刹右侧多处镌刻有铭文题记，其中有『上元三年岁次庚子正月戊午朔四月甲寅，圣道/寺故比丘尼本行灰身塔……』等文字。就题记可知该塔为唐代当地知名僧人墓塔。

立面

剖面

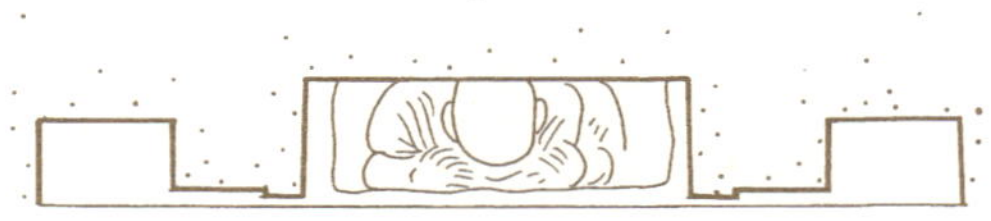
平面

岚峰山七十二号龛

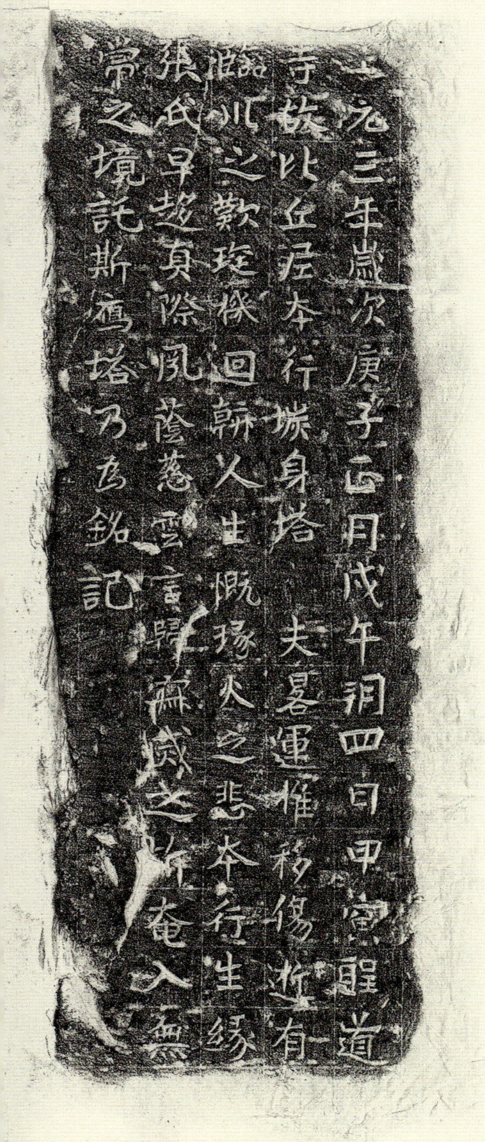
上元三年歲次庚子正月戊午朔四日甲寅龍道
寺故比丘尼本行焚身塔　夫寒運推移傷逝有
臨川之歎琁徐回顧人生慨隙火之悲本行生緣
張氏早超真際夙蔭慈雲言歸無盛之門奄入無
常之境託斯靈塔乃爲銘記

岚峰山七十二号龛拓片

岚峰山七十四号龛

岚峰山七十四号龛位于灵泉寺东的岚峰山西麓断壁上，坐东向西，为塔龛。龛内塔由塔基、塔身、塔顶等部分组成。塔身中下部凿一拱券门，内雕一坐僧造像，僧结跏趺坐于长方形台座上，头部已毁，身穿圆领宽袖袍衣，外披袈裟，两臂向下，两手放于腹前半圆形凭几上。门额呈火焰尖拱状，门楣两端向上反卷，形若卷叶。门龛两侧各刻一圆形倚柱。塔身上部的横枋外饰莲瓣花纹装饰的短帷，其上刻五个舞蹈姿态的承檐立人。正中一人身直立，双手分左右向上托檐，左、右侧的四人身姿均向内倾斜，双臂合并向上托檐。立人双臂均有飘带缠绕，随风飘舞。塔檐两层，外饰圆球形纹饰，上层檐的两端各挂垂铃一枚。檐之上层刻有绶花装饰的覆钵状顶，顶上置一束腰须弥座，座上覆置雕刻形象和下层相同的小型覆钵状顶，最顶端置相轮和宝珠为刹。塔龛一侧铭文题记有：『大唐总章元年，岁次戊辰三月乙/酉朔廿八日……』。

立面

剖面

平面

岚峰山七十四号龛

嵖峰山七十四号龛拓片

大唐總章元年歲次戊辰三月乙
酉朔廿八日壬子聖道寺故大比
丘尼法忍灰身塔弟子法周
寺為和尚敬造和尚俗姓翟
故立銘記

岚峰山大留圣窟

大留圣窟位于安阳县西南二十五公里，岚峰山西南山腰处，面对宝山灵泉寺，隔山与小南海石窟遥对。石窟面阔三百五十厘米，进深一百一十五厘米，高三百五十厘米。窟内原有刻石，其上文字曰：『魏武定四年，岁在丙辰，四月八日，道凭法师造。』此石后移入灵泉寺内，现遗失。由刻石可知大留圣窟由道凭法师开凿于东魏武定四年（五四六）。凿深石堂底部做佛坛，从窟外雕凿三组一佛二弟子白玉石像，置于坛上，使该窟成为佛窟，隋代后称为『大留圣窟』，与宝山『大住圣窟』相对应。窟内现仅存方形束腰须弥座，座下前壁有四个拱形小壁龛，内雕神王造像。

大留圣窟周围，现存佛龛、屋龛、塔龛等九十座，多开凿于唐初至唐代中期。塔龛最多，达七十四座，少数塔龛下露有舍利穴。其中三十四座塔龛的铭文题记尚可辨识，塔主多数是安阳周围寺院的女性法师。

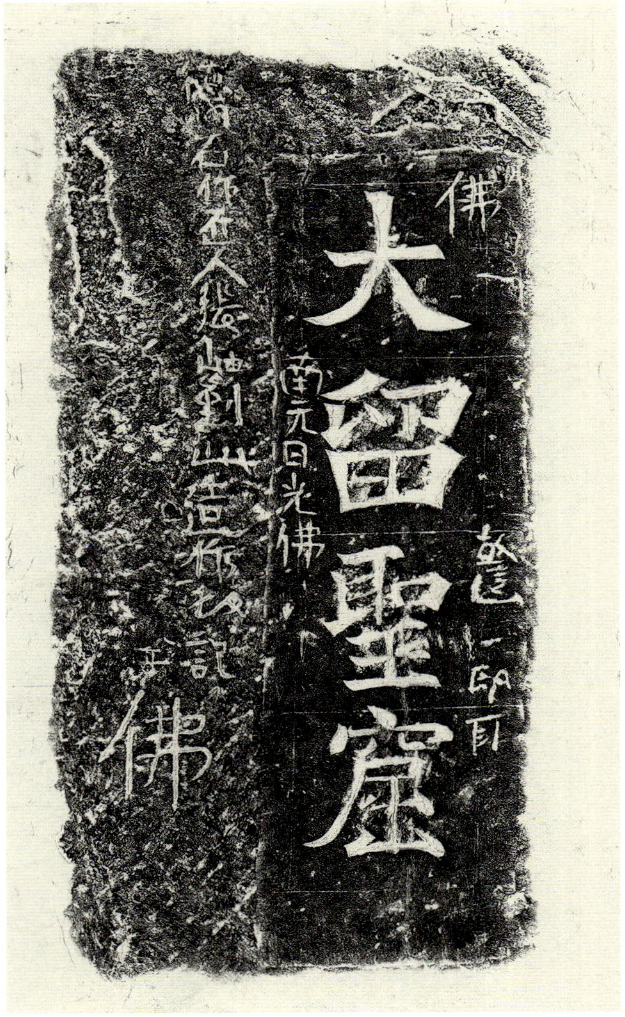

大留圣窟拓片

神王造像拓片

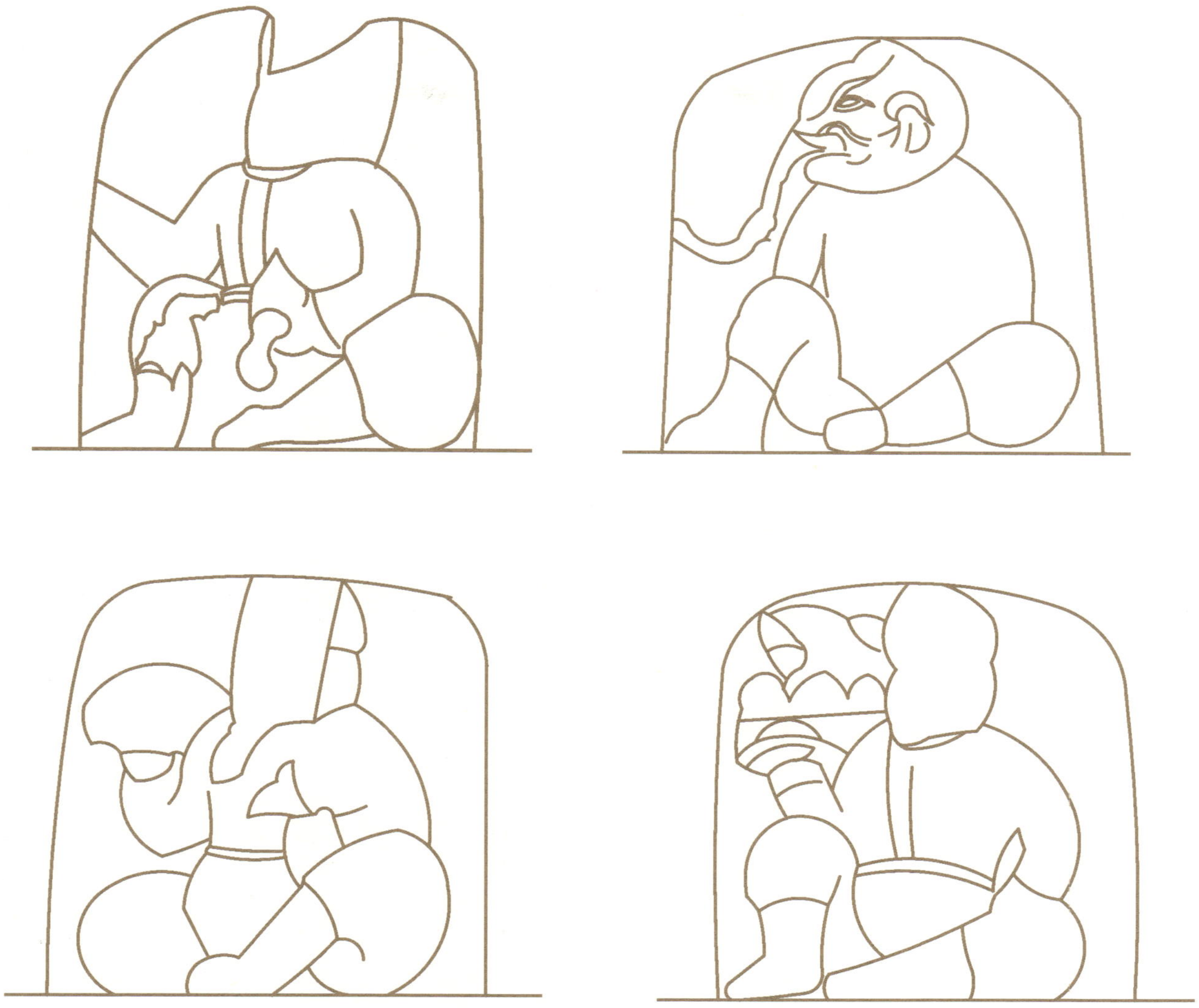

岚峰山大留圣窟内须弥座下神王造像线图

马鞍山石窟鸟瞰

马鞍山

马鞍山一号龛

马鞍山一号龛为塔龛，由塔基、塔身、塔顶等部分组成。塔身中下部凿一方形门龛，龛内并列跪坐二人，皆为女性供养人造型。头部皆毁，两臂向下，两手放于凭几上，下肢跽坐在长方形的低矮小桌后，桌下露出双膝。二供养人衣饰相仿，上身着圆领窄袖衣衫，下系高腰裙，衣裙褶纹清晰，裙带组扣形象逼真。塔身上部叠涩出檐两层，反叠涩一层，再上为塔刹。刹顶残损较重，造型不明。塔刹右侧残存『……观……日……敬造』字样，判断此塔可能为唐贞观年间凿刻。此塔龛二女供养人并列跪坐造型在灵泉寺石窟的龛窟中尚属首见，实为宝贵。

马鞍山一号龛

马鞍山二号龛

马鞍山二号龛为塔龛，由塔基、塔身、塔顶等部分组成。塔身中下部开拱券门，门额呈火焰尖拱状，两侧各立方形倚柱一根，下置覆盆状柱础。塔心室内刻女性跽坐造像一躯，头部已毁。像上身着圆领窄袖衣衫，下系高腰裙，裙纹稠密，两臂向前扶于长方形小凭几上，双膝跪坐，几下露出双膝。塔身上部叠涩出檐两层，反叠涩一层，塔顶为覆钵状顶，旁有卷叶状花纹，塔刹被毁，造型不明。

马鞍山二号龛

马鞍山三号龛

马鞍山三号龛被毁较甚，仅存龛内供养人造型，塔体造型不明。

立面

剖面

平面

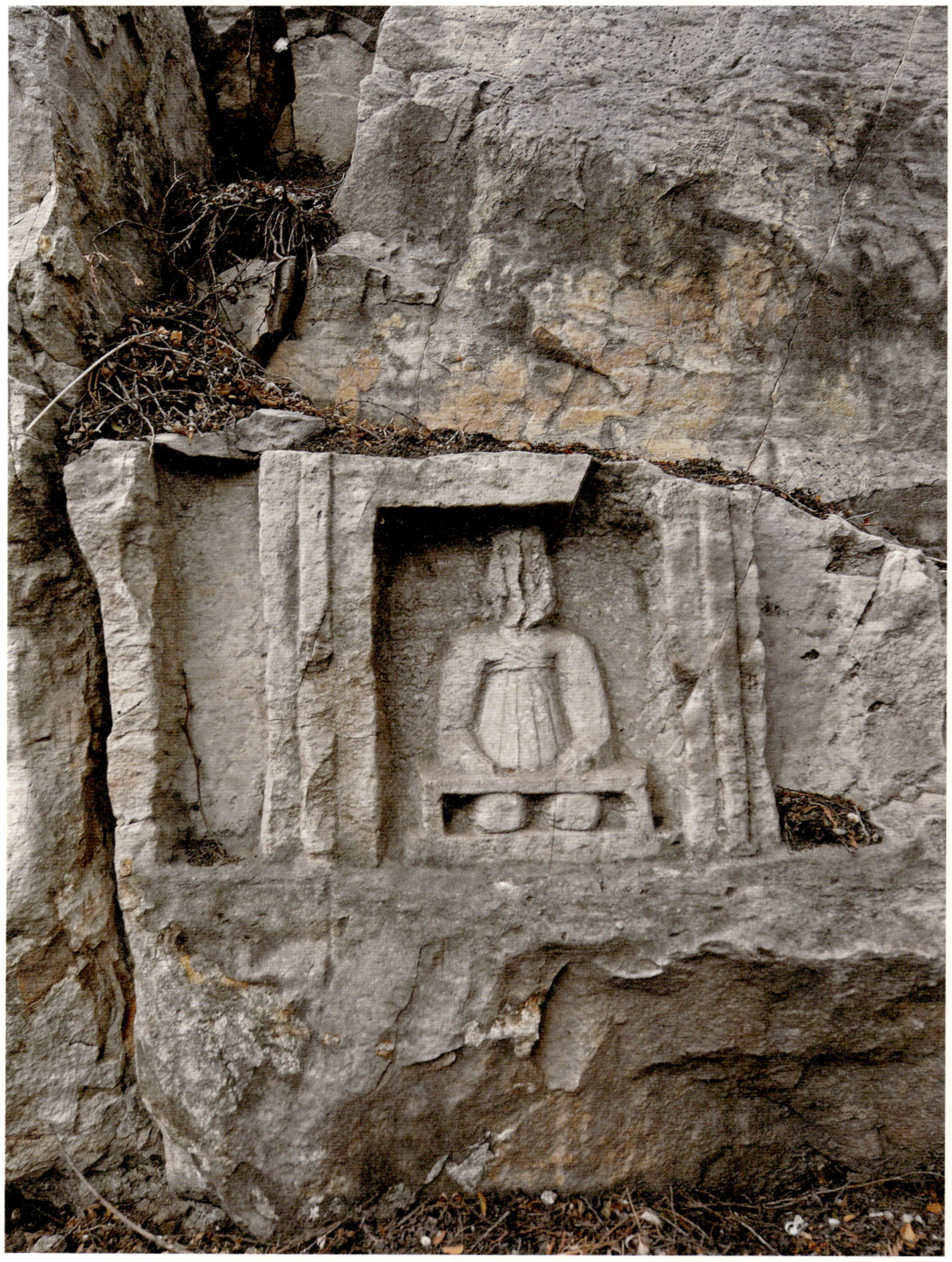

马鞍山三号龛

马鞍山四号龛

马鞍山四号龛被毁较甚，仅存龛内供养人造型，塔体造型不明。

马鞍山四号龛

小南海石窟，位于河南省原安阳县西南二十五公里善应村龟盖山南麓，面临洹水，依山而建，因紧临自然山泉小南海而名。石窟开凿于北齐天保年间（五五〇至五五九），由灵山寺僧方法师故云阳公子林等创凿，天宝六载（七四七）由国师大德僧稠禅师修成。这里原是著名寺院灵山寺，高僧云集，是当时重要的佛教活动场所，原应有较大规模的石窟造像群，现仅存东、中、西三窟，分别位于龟盖山南麓的山脚下，虽然规模不大，但却是一处极具北齐时代特征和地方风格的石窟。三洞窟规模相近，造像题材、风格大同小异，尤以中窟内容最丰富，雕刻最精美。石窟内卢舍那佛为本尊，两壁分别为弥勒佛和阿弥陀佛，三壁三佛是北齐最重要的造窟形制和造像题材，是研究北齐石窟和当时佛教信仰的重要依据。二〇〇一年，小南海石窟被国务院公布为第五批全国重点文物保护单位。

安阳小南海石窟

小南海石窟鸟瞰

小南海石窟中窟

小南海石窟中窟，坐北向南，窟前原有木构建筑，现已不存，但石窟本体保存较好，是小南海石窟现存三窟中雕刻最精美的洞窟。该窟为灵山寺法师稠禅师于北齐天保元年（五五〇）所开凿。

窟平面呈方形，面阔一百一十九厘米，进深一百三十四厘米，高一百七十八厘米，为三壁佛坛窟。窟顶雕覆斗式藻井，顶部饰以莲花图案，四坡饰帷幔纹。窟门呈拱形，有门槛。门额饰形象生动的二青龙，间有火焰宝珠，下为两只金翅鸟。楣两侧为二螭缠枝垂首口衔帷幔。门洞两侧帷帐龛内雕力士像各一，像头部及腿部残损。窟门上方镌《方法师镂石班经记》，窟门右边有大面积的摩崖刻经，上镌《华严经偈》和《大般若涅槃经·圣行品》，均为隶书。

正壁雕一坐佛二弟子，东、西两壁佛坛上各雕一立佛二菩萨，均立于莲花座上。窟内四壁上部均刻浅浮雕，前壁窟门上方刻维摩、文殊问答。东壁浮雕分为两幅画面，后侧弥勒菩萨结跏趺坐，两旁刻八尊供养弟子和菩萨，下有『弥勒为天众说法时』题记。前侧为一结跏趺坐佛，作说法印，两旁刻八尊供养弟子和菩萨，其下题记磨泐不清。根据佛座下有三法轮和二卧鹿可知为释迦『初转法轮』题材。西壁刻有坐佛、莲花、荷叶、树木等，题记有『上品下生』『八功德水』『九品往生』等内容，表现的是《观无量寿经》中的完整的『十六观』题材，这是我国目前发现最早的『十六观』。正壁浅佛雕刻在背光两侧，左侧上部刻一结跏趺坐佛，旁一菩萨侍立，下刻题记『天上天下无如佛，十方世界亦无比。世间所有我尽见，一切无有如佛者』。下部刻僧稠供养像，这是国内仅存僧稠供养像，十分难得。

小南海石窟中窟全景

小南海石窟中窟窟门线图

小南海石窟中窟窟门

大齊天保元年靈
山寺僧方法師故
雲陽公子林等率
諸邑人刊此巖窟
訪像真容至六年
中國師大德稠禪
師重瑩修成相好
斯備方欲刊記金
言光流末季但運
感將移暨乾明元
年歲次庚辰於雲
門帝寺奄從遷化
眾等仰惟先師依
准觀法遂鏤石班
經傳之不朽
華嚴經偈讚
之光如來明普照
諸吉祥中最無上
彼佛曾來入此處
是故此地最吉祥
十方國土勝妙華
無價寶珠殊異香
皆悉自然從手出
供養道樹諸最勝

小南海石窟中窟造像

八功德水
上品下生

小南海石窟中窟窟顶

小南海石窟中窟窟顶拓片

小南海石窟东窟

小南海石窟东窟，现位于中窟以东十米处。窟门南向，毁坏严重。其进深和面阔均为一百二十九厘米，高一百六十七厘米，平面呈正方形。洞窟外壁壁面镌刻大面积浅龛造像和浮雕图案。窟外西侧壁面上，镌刻一组由佛、弟子、建筑物及菩提树等组成的石刻浮雕图案。窟顶为覆斗状。正壁及东西两壁设佛坛，佛坛雕十个方形龛，龛内雕神王像。正壁佛坛上雕一佛二弟子，主尊结跏趺坐，头部残，有圆形头光和莲瓣形背光，背光内刻飞天六身。东、西两壁各雕一佛二菩萨，均立于莲花座上，造像残损较甚。佛与菩萨之间雕刻供养人像和忍冬纹饰。东壁上部为浅浮雕交脚弥勒菩萨、弥勒说法像等，西壁上部有九品莲池、楼阁等象征阿弥陀净土变的内容。据此，该两壁的本尊应为弥勒和阿弥陀佛。另在东、西壁靠近窟门的左菩萨外侧为浅浮雕一手中托鸟的婆薮仙人。门外东侧雕一卧虎，剥蚀严重，形象不清。

小南海石窟东窟线图

小南海石窟东窟全景

小南海石窟东窟正壁造像

小南海石窟东窟东壁造像

小南海石窟东窟西壁造像

小南海石窟东窟外龛局部

小南海石窟东窟外龛局部拓片

小南海石窟西窟

小南海石窟西窟位于中窟东北二十米处崖壁上，坐东朝西，平面略呈方形，顶作覆斗式，为三壁佛坛窟。窟面阔一百三十六厘米，进深一百七十六厘米，高一百七十六厘米。窟门作拱券状，拱形门楣中间饰束莲，两端雕饰为凤首回顾。门额宽六十五厘米，高一百零二厘米，正中雕刻一朵莲花，两侧雕螭龙盘绕，螭龙口衔帷帐，构成两侧帷帐龛，龛内各雕一护法卫士。在龙首外侧各有一倒立的虎头人身形象口衔帷帐。窟内造像皆为高浮雕。正中雕释迦牟尼佛一尊，结跏趺坐于长方形台座，左右为胁侍菩萨二像。南北两壁各镌刻胁侍菩萨和弟子立像三尊，与中窟基本相同。窟外门右侧大面积的摩崖壁面上，有用减地法浅雕排列整齐的供养人像一组，每像高十五厘米，竖十行，横八行，共刻供养人像八十尊。布局严整，刻工精湛细腻。

小南海石窟西窟全景

小南海石窟西窟窟门线图

小南海石窟西窟正壁造像

小南海石窟西窟北壁造像

小南海石窟西窟南壁造像

小南海石窟西窟窟门局部

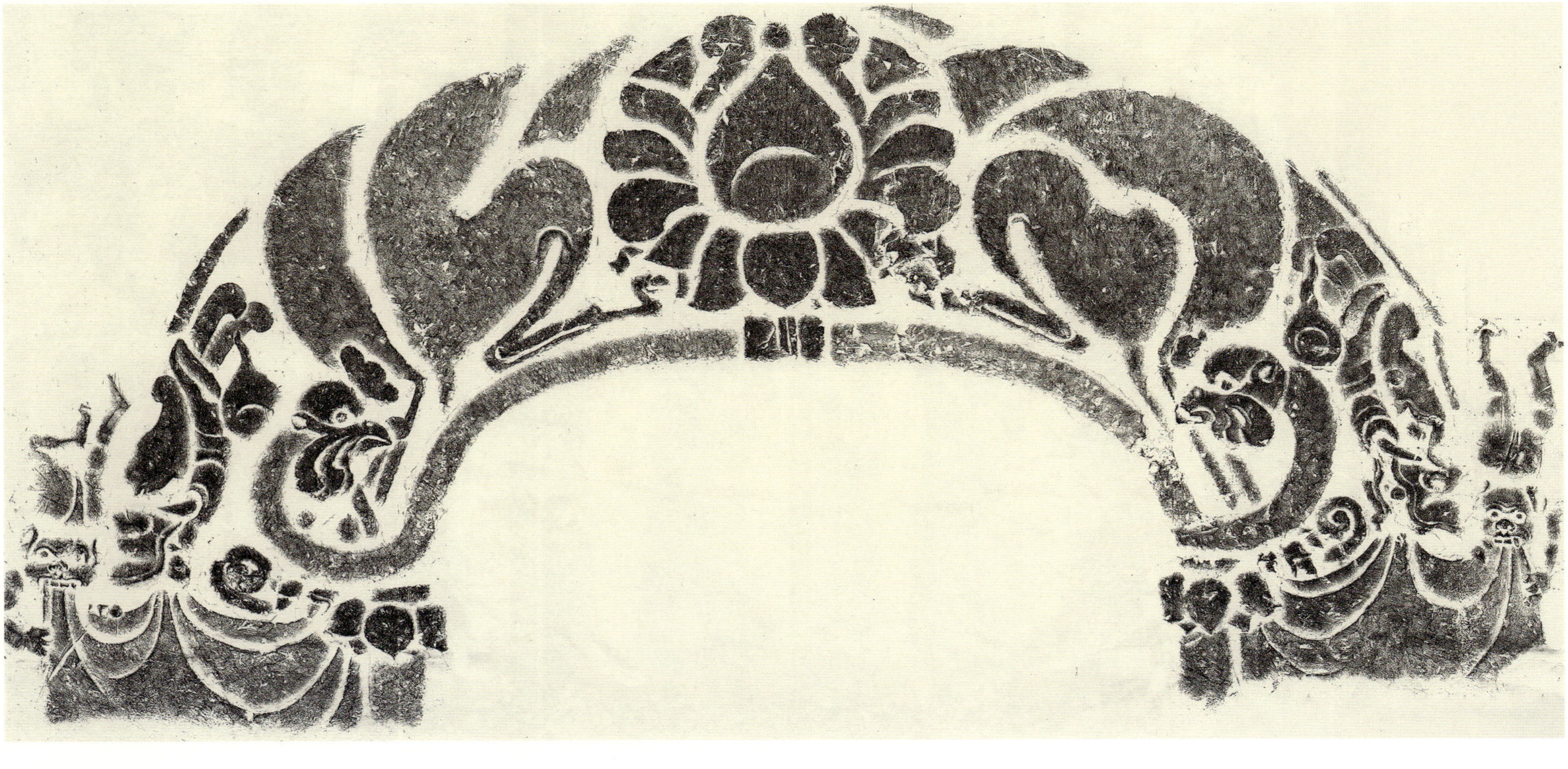

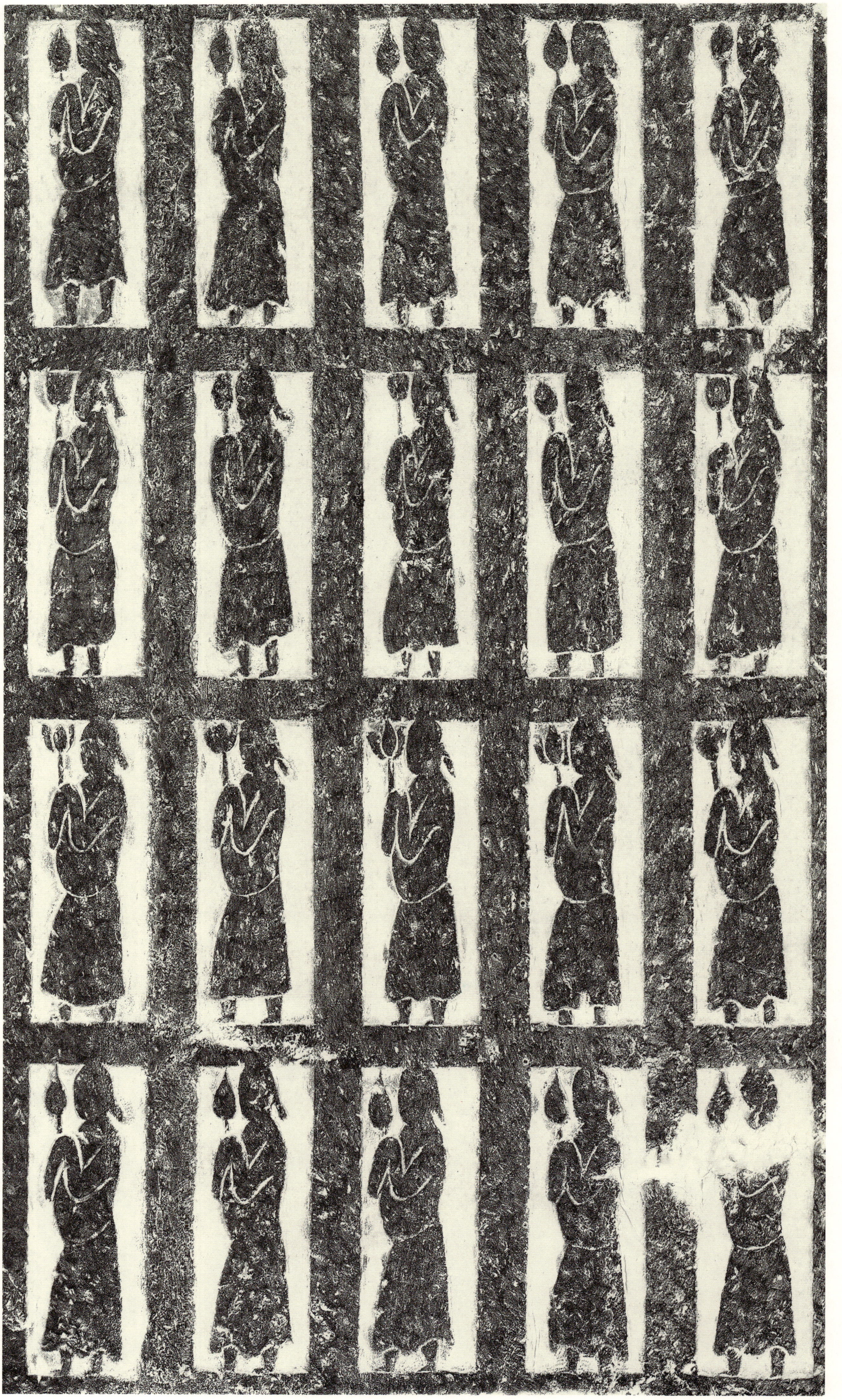

小南海石窟西窟外壁供养人雕像拓片

小南海石窟西窟外壁供养人雕像拓片

林州洪谷寺千佛洞石窟，位于河南省林州市西南十五公里合涧镇西部洪谷山洪谷寺中。洪谷寺始建于北齐，为文宣帝高洋天保初年著名的地伦师僧达所建，唐时有高僧义泓乾寿挂锡此寺，宋改名为宝岩院，后仍名为洪谷寺。千佛洞石窟位于洪谷山半山坡上，其他零散石窟分布在洪谷寺旧址周围一公里之内。千佛洞石窟内外共雕刻大小佛像一百二十八尊，其中最大佛像高二百七十八厘米，最小的仅十六厘米。洞窟内大佛、菩萨、弟子及后部诸佛初为北齐武平五年（五七四）凿刻，石窟外部的《金刚波若经》二卷、《妙法莲华经》一卷、《无量义经》半篇等为唐乾封元年（六六六）所刻。千佛洞石窟规模虽然不大，但时间自北齐延续至唐代，作为历史文化的实物载体，见证了河朔地区古建筑和古石刻的发展变化过程，为研究当地佛教雕刻艺术史等提供了宝贵的实物资料，在我国古代石窟寺艺术史上占有重要的地位。二〇一三年，洪谷寺塔与千佛洞石窟被国务院公布为第七批全国重点文物保护单位。

林州千佛洞石窟

千佛洞石窟鸟瞰

千佛洞石窟外环境

千佛洞石窟门楣处佛龛

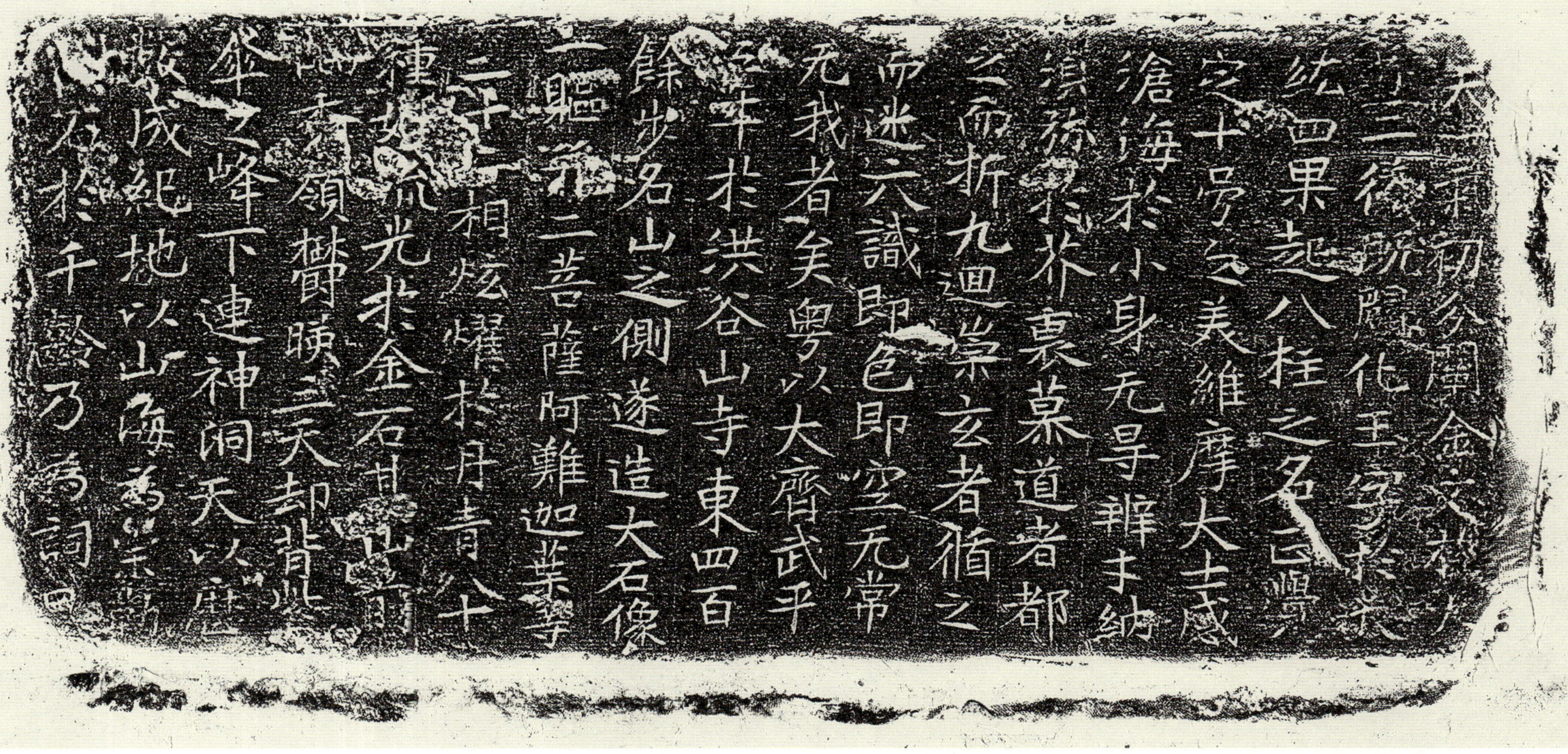
夫[illegible]初分[illegible]金文[illegible]
[illegible]三德[illegible]化王宮於[illegible]
紘四果起八柱之名已[illegible]
之十号之美維摩大士感
滄海於小身无导辯才納
須彌於芥裏慕道者都
之而折九迴崇玄者循之
而迷六識即色即空无常
无我者矣粤以大齊武平
[illegible]年於洪谷山寺東四百
餘步名山之側遂造大石像
一軀并二菩薩阿難迦葉等
二十[illegible]相炫燿於丹青八十
種好流光於金石甘[illegible]
[illegible]香嶺鬱映三天却背[illegible]
峯之峰下連神洞天以[illegible]
敬成紀地以山海為[illegible]
[illegible]在於千齡乃為詞[illegible]

千佛洞石窟窟门外门楣处佛龛题记拓片

千佛洞石窟窟门楣处佛龛拓片

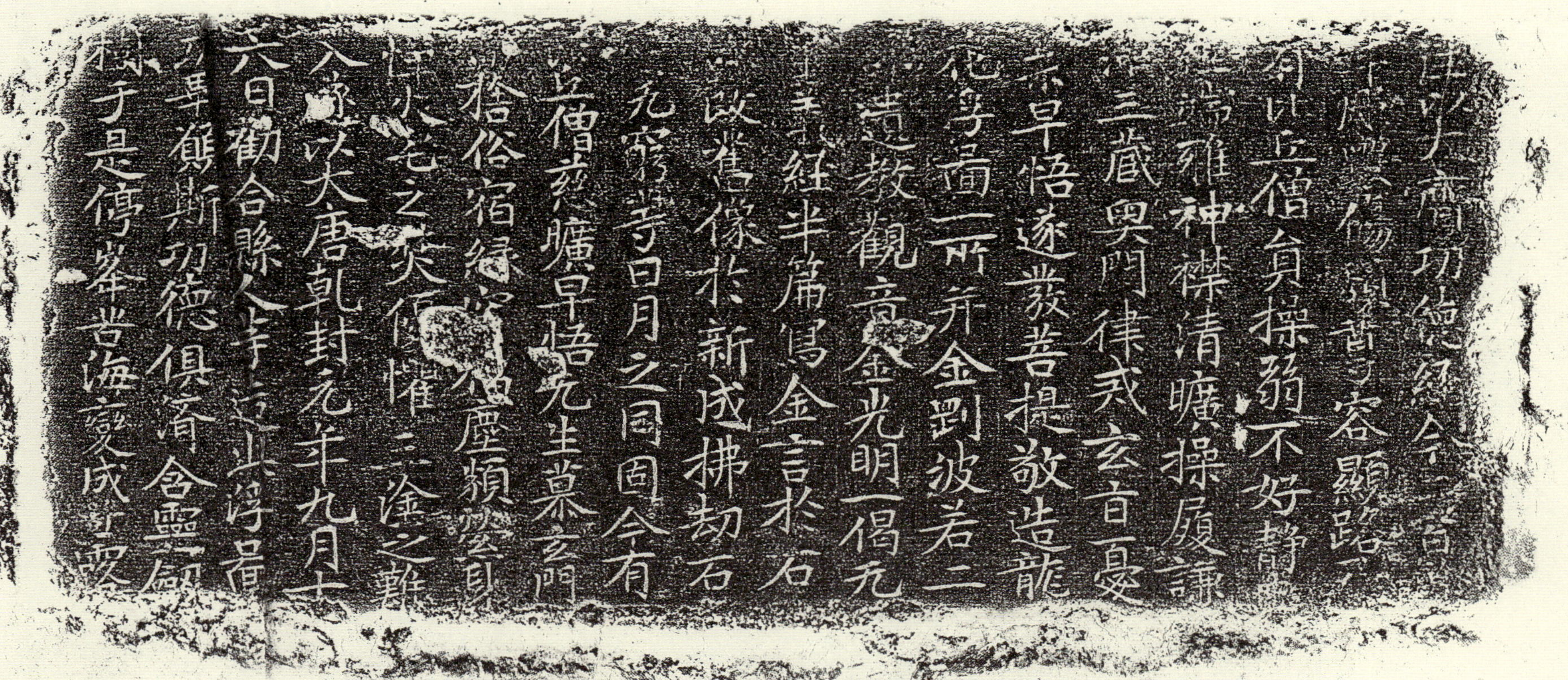
齋功德銘
容顯路
有比丘僧負操弱不好靜
雅神襟清曠操履謙
三藏異門律戒玄音憂
早悟遂發善提敬造龍
化浮圖一所并金剛波若二
遺教觀音金光明一偈无
經半篇偈金言於石
啟舊像於新成拂刧石
无窮等日月之固固今有
比丘僧慈曠早悟无生慕玄門
捨俗宿緣
火宅之災何懼三塗之難
入道以大唐乾封元年九月十
六日勸合縣人等造此浮圖
尊像斯功德俱濟含靈
于是停峯普海變成

千佛洞石窟窟门南侧小佛

千佛洞石窟窟门南侧小佛拓片

千佛洞石窟正壁

千佛洞正壁雕琢一坐佛二弟子二菩萨，主尊高二百七十八厘米，头手均残，有莲花项光，平肩宽胸，身躯壮硕。着右直领式袈裟，内着僧祇支，结跏趺坐于束腰仰覆莲座上。袈裟覆盖并紧裹两腿，不露足，双腿间衣摆呈横向弧线纹。二弟子高一百五十厘米，头及左手皆残，外披袈裟，内着僧祇支，右边袈裟甩向左肘，在身前形成U形衣纹，跣足立于莲座上。二菩萨雕于正壁与两侧壁交角处，高一百六十五厘米，头残，颈戴项饰，胸部隆起，腹部微凸，上身赤裸，帔帛绕肩在两腿前横贯两道，胸前佩挂璎珞，两臂着钏，下着长裙，裙裾紧裹两腿，衣纹呈『曹衣出水』式，跣足立于束腰仰覆莲座上。本尊上方浮雕两身供养天人，天人头束高髻，袒胸着裙，手捧供果呈飞翔状。本尊项光两侧各雕三尊坐佛，西侧刻有『张商英结缘来此』七字。据《重修林县志》考证，该洞为张商英（一〇四三至一一二二）于北宋元祐五年（一〇九〇）所镌。弟子上方刻坐佛，西侧刻三层十尊，东侧刻四层七尊，高约二十五厘米，姿态相同，皆着通肩大衣，手施无畏印，结跏趺坐于莲花座上。二菩萨周围刻千佛，因东、西两壁前半部坍塌，所剩佛像无几，从残存壁面看，东西两壁原应满布佛像，上下七排，每排数量因残损无法详计。

千佛洞石窟正壁线图

千佛洞石窟正壁佛像

千佛洞石窟正壁佛像拓片

千佛洞石窟刻经

千佛洞石窟内东、西两壁嵌砌刻石六方，现存刻经七部，即：后秦鸠摩罗什译《金刚般若波罗蜜心经》一卷；后秦鸠摩罗什译《佛遗教经》；南朝齐昙景所译《摩诃摩耶经》卷上节文；南朝齐昙摩伽陀耶舍所译《无量义经·德行品偈》；隋阇那崛多和达摩笈多译《添品妙法莲花经·观世音普门品》一卷；北凉昙无谶译《金光明经》一偈以及《金刚经》一卷。这些刻经是郏城地区佛教石窟和摩崖刻经的继续，也是郏城地区初唐时期仅有的一处刻经。

千佛洞石窟刻经

千佛洞石窟西壁刻经

千佛洞石龛西壁刻经拓片

千佛洞石窟西壁造像

千佛洞石窟东壁造像

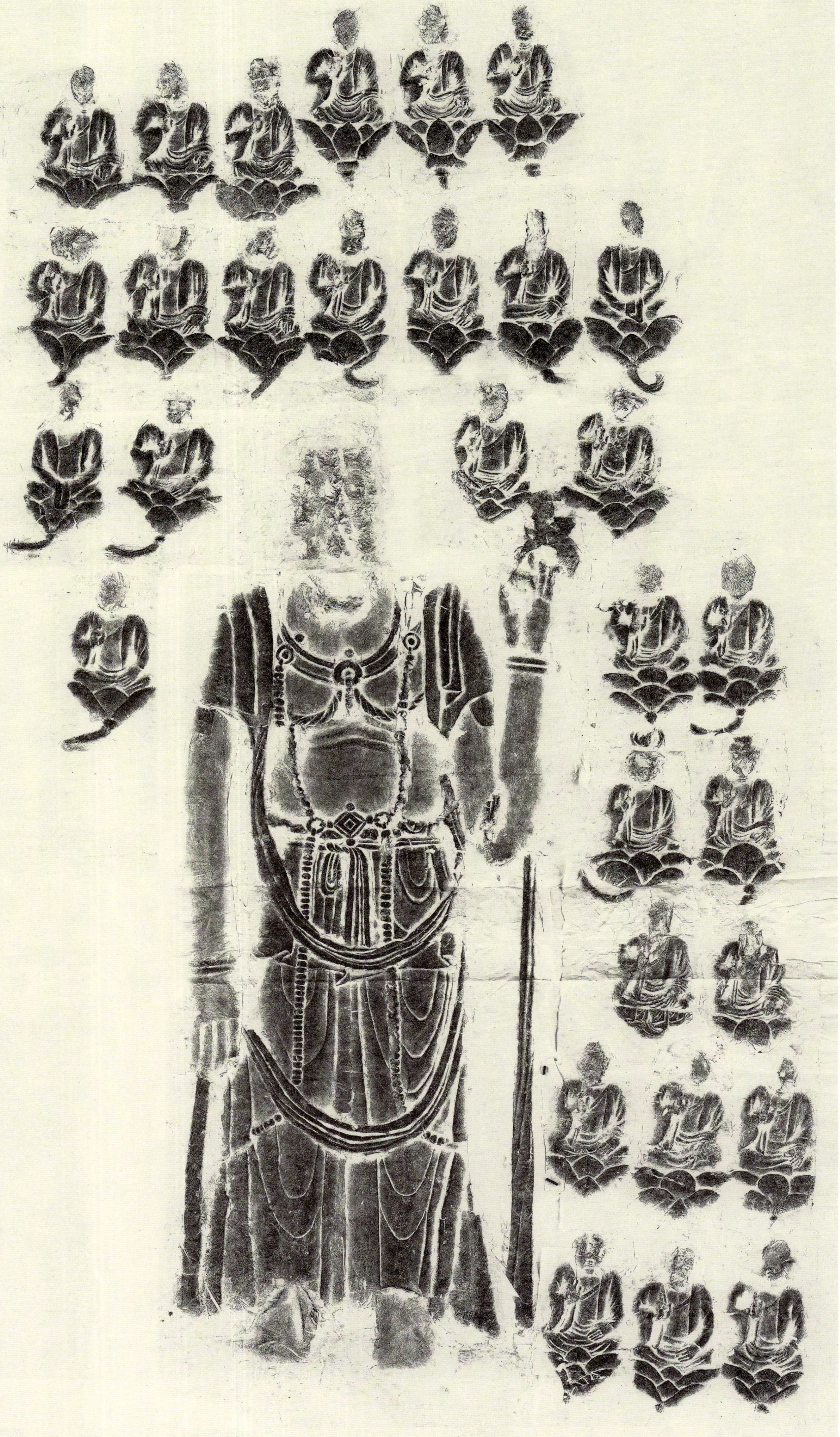

千佛洞石窟西壁造像拓片

千佛洞石窟东壁造像拓片

千佛洞大缘禅师摩崖石塔

千佛洞岚峰山谷口北坡崖壁上雕凿有摩崖塔两座。上部一塔凿于长方形龛内，方形塔身开一圆拱形龛，龛门两侧雕圆柱，龛内雕大缘禅师像，塔身上枋雕六身舞伎承托塔檐。塔侧有摩崖题记『故大缘禅师，俗姓李，潞州潞城县人／也。春秋五十有八，夏腊二十有六，至／贞观廿一年岁次丁未十月甲寅朔／十八日辛未，卒于林虑山洪谷寺。弟／子惠觉等慕师生存之日，镌记灭后之名，重取灰身，建塔于此。／贞观廿二年十二月十二日』等。

小塔之右下方开深的大龛，高二百六十五厘米，宽一百九十五厘米，深七十八厘米。塔高二百五十六厘米，方形塔身开长方形龛，龛楣为尖圆拱形，内雕刻卷云花纹。门楣两端向上内卷，龛门两侧雕缠龙柱，柱础饰覆莲。龛内凿一方形凹槽，应为安放骨灰所用。塔身上有五层塔檐，塔顶饰山花蕉叶，上置仰莲、相轮、宝盖、绶花和宝珠组成的塔刹。该塔雕饰细腻华丽，为唐代摩崖石塔之精品。

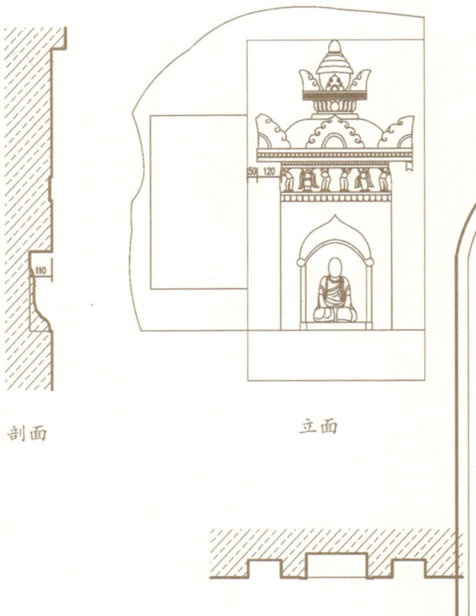

剖面　立面　平面

立面

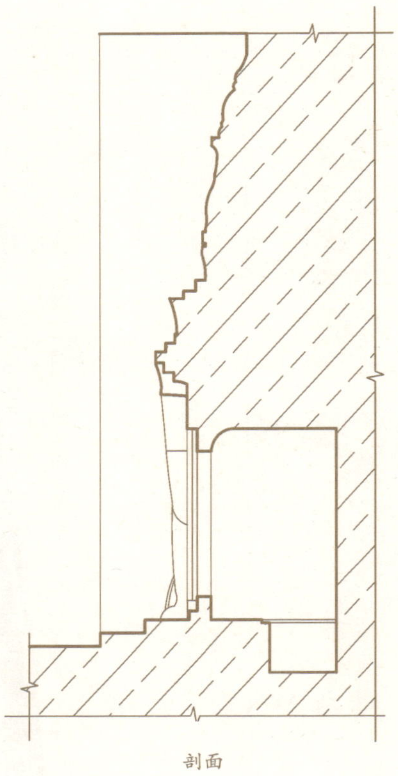

剖面

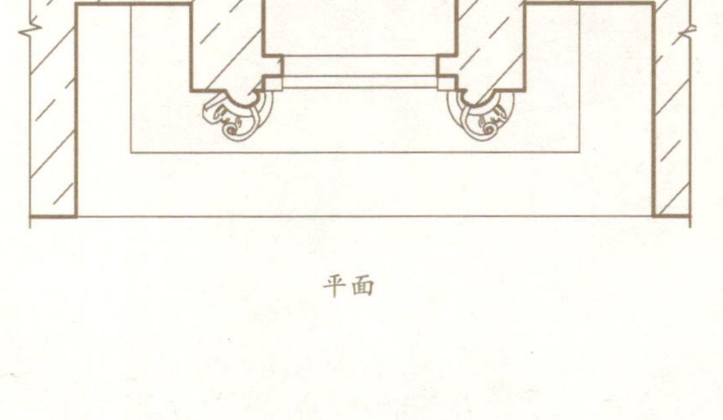

平面

大缘禅师摩崖石塔

大缘禅师摩崖石塔一号塔

大缘禅师摩崖石塔一号塔拓片

大缘禅师摩崖石塔二号塔拓片

大缘禅师摩崖石塔二号塔

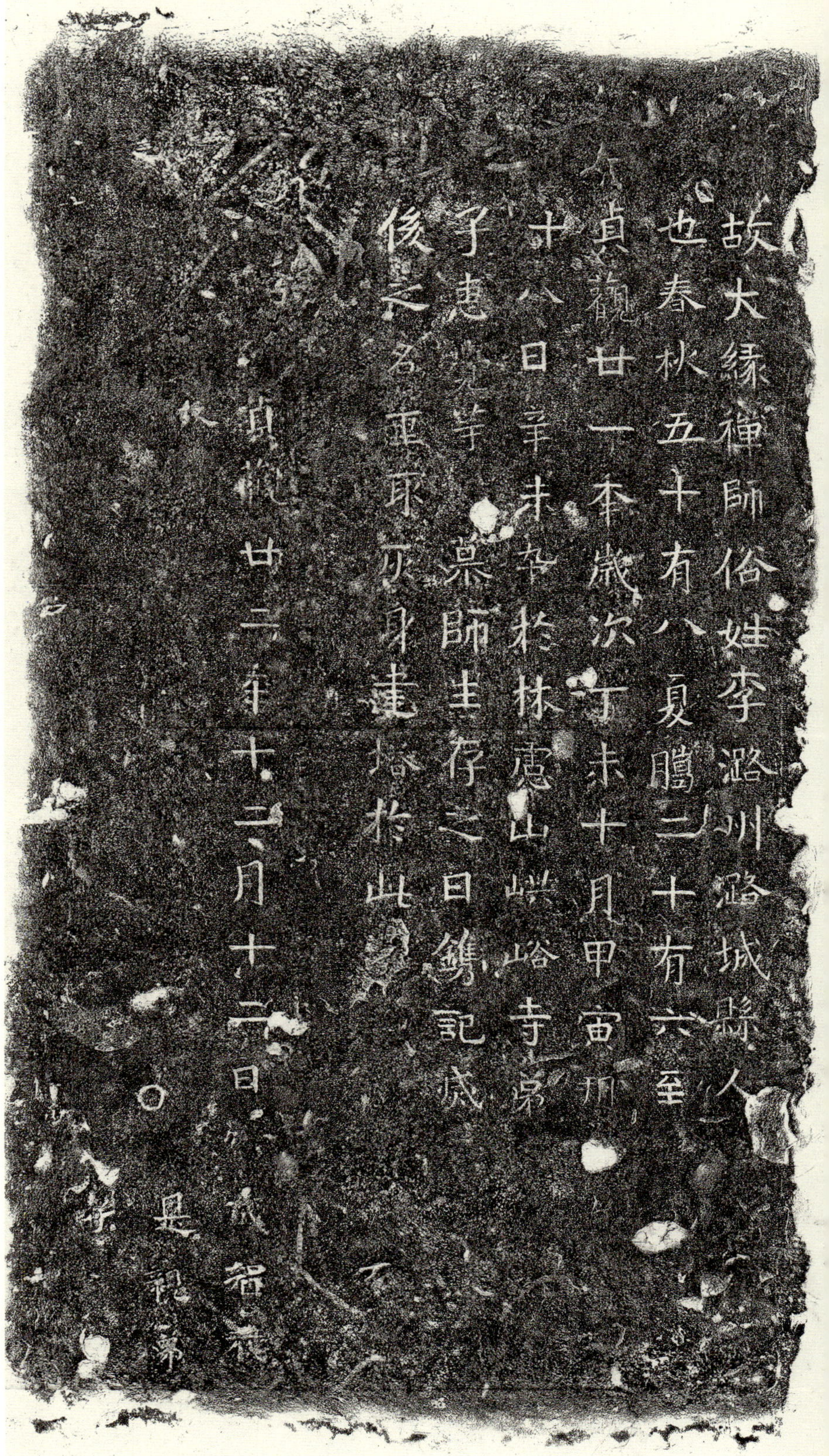
故大緣禪師俗姓李潞州潞城縣人
也春秋五十有八夏臘二十有六至
貞觀廿一年歲次丁未十月甲寅朔
十八日辛未卒於林慮山峪寺弟
慕師生存之日鐫記感
後之名並取灰身建塔於此
貞觀廿二年十二月十二日

千佛洞唐代摩崖石塔龛　三尊真容像支提龛铭碑

大缘禅师摩崖塔对面石壁上开有两处唐代石塔龛，一龛面南，一龛面东。该二龛为唐代洪谷寺高僧义泓法师主刻，约雕凿于公元七〇五至七一八年。面南石塔由塔基、塔身、塔顶等部分组成。塔基两层，塔身中部开凿拱形塔门，设有门槛，门内已空。塔身上叠涩五层后反叠涩四层，上为塔顶及刹。

面东石塔龛室有安放僧人骨灰的小石坑，龛门外两旁刻有护法的力士、天王及男女供养人。左侧力士裸上身，下系战裙，双手举金刚杵，披巾绕于肘部下垂；右侧力士持剑，穿着铠甲。

《三尊真容像支提龛铭碑》，刻于唐开元十九年（七三一），蔡景撰文。碑文宣扬佛教的神奇功能，介绍了义泓、乾寿二位高僧弘扬佛法的生平事迹，很有史料价值。碑现存于林州博物馆。

唐代摩崖石塔龛（面南）

唐代摩崖石塔龛（面东）

唐代摩崖石塔龛（面东）拓片

后记

河南古代曾是中国重要的政治、经济、文化的中心。自佛教东传之后，也是历代佛教文化的中心之一，从而促成了石窟寺建筑在河南的兴起。除龙门石窟以外，河南全省现存中小型石窟造像八十余处，主要分布在豫西、豫北、豫南三个区域，以洛阳、安阳这两座古都为中心向周边辐射，时代从北魏持续至明清时期，具有深厚的历史文化内涵和独特的艺术价值。

早在二十世纪九十年代，我院陈平老师即带领专业人员对省内中小型石窟进行过全面系统的调查，在当时极其简陋的条件下，克服了重重困难，历时近十年，先后为全省三十余处石窟寺建立了相对完备的中小型石窟调查档案。二〇一四年，在河南省文物局的支持下，河南省文物建筑保护研究院再次成立专项课题组，开展了河南省中小型石窟高浮雕拓印、测绘建档项目。我们在过去研究和保护的基础上，通过现场测绘、全景扫描、立体拓印等技术手段，对河南省北部地区十一处重要石窟寺文物进行了全面的调查勘测。历时五年有余，建立起了一套包括图纸、图片、高浮雕拓片、数字化建模等信息翔实、完善的调查材料。

目前在河南省境内共有大、中、小型石窟及摩崖造像八十余座，其中相当大的一部分石窟造像长期暴露在外，遭受风吹雨蚀，风化剥蚀现象日趋严重。采集一套完整的档案资料，是必不可少的基础性工作，但要使这些珍贵遗产永久保存，还必须有更全面、更深入的保护和研究。因此，我们计划将调查所得结合原有研究成果进行系统整理并编辑出版，供各级文物行政保护部门和相关的历史文化研究工作者参考。因受篇幅所限，本书仅收录了灵泉寺石窟、小南海石窟和千佛洞石窟，剩余部分待整理完成后再陆续出版。

河南省文物局对河南中小型石窟调查工作及本书的编写工作高度重视，田凯局长百忙之中亲自为本书作序。各地市文保机构也给予大力支持和帮助。我院杨振威院长、张得水院长的悉心指导更是贯穿始终。尤其应该提到的是，我院老一代研究员杨宝顺先生的早期研究成果为本书提供了重要学术支撑，陈平老师、杭侃老师更是无私提供了大量早期调查的宝贵第一手资料，以供比较研究。省级非物质文化遗产传承人李仁清及其团队（李泽民、李正）全程为本次调查中的高浮雕拓印、整理提供技术保障。在此，一并向各有关单位、领导、同仁表示衷心感谢。

本书也是集体努力的成果。现场勘察测绘、拓片扫描等工作，由李银忠、亓艳芝、王楠、鲍玮、程曦、孙锦、刘重、秦猛等人负责，丁建杰、付力、秦一、李楠等同志承担了图片及拓片翻拍工作，杨东昱同志对书稿进行了多轮细心审校。

受编者水平所限，如发现书中错漏或任何问题，敬请读者给予批评指正。

编者

二〇二一年九月